wunder.orte | zauber.zeichen
Sagenwege durch Wien

Umschlag

Vorderseite: Die älteste Darstellung von Wien aus der Zeit um 1440. Ausschnitt aus dem Albrechtsaltar, Stiftsmuseum Klosterneuburg (Foto Theres Cassini)
Rückseite: Das wachsame Hündchen von der Kanzel der Domkirche Sankt Stephan in Wien (Foto Ernst Zöchling)

Vor- und Nachsatz: Der älteste Stadtplan von Wien, der so genannte Albertinische Plan. Zweite Hälfte des 15. Jahrhunderts nach einer Vorlage aus der Zeit um etwa 1421/1422. Historisches Museum der Stadt Wien (Foto Otto)

Piktogramme: Rotraud Hejeck

Karten: © Copyright by Bohmann Verlag. Gestaltung: Gerald Temper

Bibliografische Information Der Deutschen Bibliothek
Die Deutsche Bibliothek verzeichnet diese Publikation in der Deutschen Nationalbibliografie; detaillierte bibliografische Daten sind im Internet über http://dnb.ddb.de abrufbar.

© 2003 by Niederösterreichisches Pressehaus
Druck- und Verlagsgesellschaft mbH
NP BUCHVERLAG
St. Pölten – Wien – Linz

www.np-buch.at
verlag@np-buch.at

Alle Rechte vorbehalten

Grafische Gestaltung: Ulrike Faber, verlagsbüro wien

Gesamtherstellung:
Niederösterreichisches Pressehaus
Druck- und Verlagsgesellschaft mbH
A-3100 St. Pölten, Gutenbergstraße 12

ISBN 3-85326-271-6

Reingard Witzmann

wunder.orte | zauber.zeichen

Sagenwege durch Wien

NP

Hallo liebe Wien-Freundin und lieber Wien-Freund   6
Statt eines Vorwortes

DAS HERZ DER STADT
SANKT STEPHAN UND DIE MITTE VON WIEN   8
  sagen.weg   9

SAGEN
  1 Meister Hans Puchsbaum und der Nordturm   16
  2 Die drei Teuferln Luziferl, Spirifankerl und Springinkerl   24
  3 Die Dienstboten-Mutter-Gottes   30
  4 Der Stock-im-Eisen   36

DIE ALTEN STADTVIERTEL
SCHOTTENTOR-VIERTEL   46
  sagen.weg   47

SAGEN
  5 Das rote Mandl   52
  6 Der Heidenschuß   58
  7 Richard Löwenherz und der Hof zu Wien   64

WIDMERTOR-VIERTEL   72
  sagen.weg   73

SAGEN
  8 Die Alraunen des Kaisers   78
  9 Neidhart und das Veilchenfest   84

KÄRNTNERTOR-VIERTEL — 90
sagen.weg — 91

SAGEN
- 10 Die Bärenmühle — 94
- 11 Die Himmelspförtnerin — 100
- 12 Das Hasenhaus — 106

STUBENTOR-VIERTEL — 112
sagen.weg — 113

SAGEN
- 13 Der Basilisk von Wien — 118
- 14 Der Liebe Augustin und die Pest — 126
- 15 Küss-den-Pfennig — 134

DIE PERIPHERIE
AM RAND DER STADT — 140

SAGEN
- 16 Das Donauweibchen — 140
- 17 Der Drache vom Leopoldsberg — 148
- 18 Der Schleier der heiligen Agnes — 154
- 19 Die Löwenbraut im Neugebäude — 160
- 20 Die Spinnerin am Kreuz — 166

Herzlichen Dank! — 173
Biografie — 174
Bildnachweis — 175

Hallo liebe Wien-Freundin und lieber Wien-Freund,

die verborgenen Dinge sind oft am spannendsten. In den Geschichten, die sich die Leute im alten Wien erzählt haben, sind die Wahrheiten meistens ziemlich versteckt. Bei den Sagen und Legenden von Wien spielt immer ein ganz bestimmter Ort eine Rolle, an dem sich etwas Besonderes befunden hat, Außergewöhnliches geschehen ist oder Geniales errichtet wurde. Deshalb will dich das Sagenbuch durch Wien zu den besonderen Plätzen hinführen, dir Schätze der Kunst und Schönheiten der Landschaft zeigen.

Manchmal wirst du dich wundern, weil dir vielleicht ein ehemals heiliger Platz heute anders erscheint – doch ist die Stadt lebendig und verändert sich ständig. Aber mehr Wahrzeichen, als du glauben wirst, sind seit Jahrhunderten erhalten geblieben. Diese wollen von dir entdeckt werden – und dir ihre Geschichte erzählen. Für die Sagenreise gibt es zwei verschiedene Stadtpläne als Hilfe für die Zeitreise: Der eine ist eine moderne digitale Ausführung, der dir den Weg in der jetzigen Großstadt Wien zeigt. Der andere – der älteste Stadtplan von Wien – ist mit der Feder gezeichnet und mit Wasserfarben koloriert, auf den ersten Blick wirkt er wie eine Zauberkarte. Bei deiner Spurensuche weist er dir den Weg in das geheimnisvolle Wien der Sagen.

„Das ist die stat Wieñ" steht mit roter Farbe in der Mitte des Plans, der dir heute die Stadt zeigt, wie sie vor ungefähr 600 Jahren ausgesehen hat. Aber schon damals wollten sich die Menschen ein Bild über ihre Stadt machen, und der Zeichner hielt alles fest, was ihm wesentlich erschien: Eine Ringmauer umschließt das Stadtgebiet – sie ist auf dem Plan nach außen geklappt. Die Tortürme sind mit ihren Namen gekennzeichnet. Die Wiener haben in ihrem Wortschatz manche dieser Bezeichnungen bis in die Gegenwart beibehalten, obwohl die Stadttore mit ihren Türmen längst verschwunden sind. So gibt es heute noch das Schottentor und das Stubentor – allerdings als Namen für U-Bahnstationen. Am mittelalterlichen Plan sind die Häuser weggelassen worden, doch die Kirchen und Klöster sind eingezeichnet, ebenso die Universität als Ort der Wissenschaft und die Hofburg als Sitz der Herrscher. Nach den vier Haupttoren wurden die vier Stadtviertel benannt. Die Tore bilden für deine Sagenreise den Eingang in die geheimnisvolle Geschichtenwelt der Vergangenheit. Jedes Stadtviertel besaß seinen Platz für wichtige Zusammenkünfte der Bewohner. In der Zeit um 1200 wurde diese Ringmauer mit ihren Türmen und Toren gebaut. Dazu wurde ein Teil des Lösegeldes verwendet, das der österreichische Herzog für den gefangenen englischen König Richard Löwenherz verlangt hatte. Die Ringmauer mit ihren Zinnen, Schießscharten und Pechnasen schützte die Bewohner Wiens fast 350 Jahre lang. Anschließend folgte an ihrer Stelle eine mächtige Festungsmauer mit vorspringenden Basteien, mit vielen Stadttoren – aber keinen trotzigen Türmen mehr. Längst sind auch diese Befestigungswerke verschwunden. Heute erinnern nur mehr vereinzelte Restbauten entlang der Ringstraße daran, dass um die Innenstadt rund 660 Jahre lang eine Stadtmauer verlaufen ist.

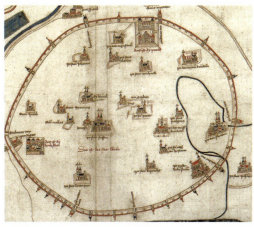

Der älteste Plan von Wien zeigt die Ringmauer um die Stadt. Viele Türme sollten den Bewohnern noch mehr Schutz bieten. Die Stadttore waren mit besonders starken Türmen versehen. (Albertinischer Plan. Zweite Hälfte des 15. Jahrhunderts, nach einer Vorlage aus der Zeit um etwa 1421/1422, kolorierte Federzeichnung. Historisches Museum der Stadt Wien)

Die Menschen wussten seit Jahrtausenden von der geheimen Macht der Zeichen. Sie bemalten tiefe Höhlen, bauten riesige Tempel nach astronomischen Gesetzen ausgerichtet, formten Wundertiere und waren stets Suchende, ob sich nicht hinter der

Bild links: Dieses Wundertier aus Ton ist 2800 Jahre alt. Aus ihm tranken damals die Kinder ihren Getreidebrei. Die Saugöffnung befindet sich am Schwanzende. (Historisches Museum der Stadt Wien)

wahrnehmbaren Welt noch eine andere, schwer erfahrbare Welt verborgen hält. Einen Schlüssel dazu bilden die Mythen – Erzählungen, die von Generation zu Generation weitergegeben wurden und werden. Auf der ganzen Welt wünschten sich seit jeher die Menschen, übernatürliche Kräfte und daher Macht zu besitzen. Sie wollten Dämonen beschwören und zaubern können. Doch sehnten sie sich auch danach, von einem jenseitigen Wesen beschützt zu werden …

Im Buch wird der Versuch unternommen, die Hintergründe jeder Sage aufzudecken, über ihre geschichtlichen Daten und Fakten ebenso wie über ihre magische Gedankenwelt nach der neuesten Forschung zu berichten. Für alle, die Geschichtsforschung zu ihrem Hobby erklärt haben, ist das Kapitel „geschichte.spezial" gedacht.

Vor allem soll das Lesen und Entdecken dir, liebe Wien-Freundin und lieber Wien-Freund, viel Spaß und Freude bringen! Viele gute Geister – in diesem Fall aber sehr menschliche Wesen! – haben zusammengewirkt, dass dieses Buch entstehen konnte. Ihnen allen gebührt herzlicher Dank, und sie werden am Ende des Buches gesondert angeführt. Also, vielleicht treffen wir einander bei unseren Sagenwegen durch die Stadt? Alles Gute!

DAS HERZ DER STADT
SANKT STEPHAN UND DIE MITTE VON WIEN

sagen.weg

ausgangs.punkt
1, Stephansplatz

end.punkt
1, Stock-im-Eisen-Platz

MITTE VON WIEN | sagen.weg

Der Stephansplatz hat erst vor ungefähr 200 Jahren seinen Namen erhalten. Vorher stellte die Gegend einen heiligen Bezirk dar, der durch vier Tore zugänglich war. Um die Domkirche Sankt Stephan befand sich früher ein großer Friedhof.

UM DEN DOM HERUM

Das kunstvolle Bauwerk des Stephansdoms ist ein besonderer Ort voll mit Bilderrätseln, die nicht auf den ersten Blick zu durchschauen sind. Nur wer ihn lange betrachtet und wunderbare Dinge sucht, kann viele Geheimnisse erfahren.

Wie andere Kirchen aus dem Mittelalter ist auch der Stephansdom nach den Himmelsgegenden ausgerichtet. Seine Hauptachse verläuft von Osten nach Westen: Im Osten liegt der Altar – in dieser Himmelsrichtung geht die Sonne auf. Im Westen hingegen siegt die Finsternis über das Licht. Eine große Anzahl von düsteren Dämonen und Monstern sind aus diesem Grund auf der Westfassade des Doms zu finden.

Der Grundriss der Kirche besitzt die Form eines Kreuzes. Die Domkirche Sankt Stephan stellt eine Art himmlische Stadt inmitten der Stadt dar. Sie wurde zu Ehren Gottes, aber auch für die Menschen errichtet.

Das geheimnisvolle Riesentor

Das Riesentor und sein Vorbau gehören zu den ältesten Teilen des Stephansdoms, dessen Name durch unterschiedlichste fantastische Geschichten erklärt wurde: So sollen hier zum Beispiel Riesen zur Taufe gegangen sein. Eine andere wieder erzählt, ein Riesenknochen hing im Tor, der das Schienbein des heiligen Christophorus gewesen sein soll (siehe sagen.weg Mitte von Wien: Nordturm). Aber eigentlich leitet sich die Bezeichnung vom alten Wort „risen" ab, das „hineinziehen" beziehungsweise „wie ein Trichter zusammenlaufen" bedeutet: Der Mensch soll also durch diese Pforte in den Dom hineingezogen werden.

Im Bogenfeld des Riesentores thront Jesus Christus als Weltenrichter. Unter den Babenbergern war das Riesentor eine Stätte der Rechtssprechung.

Im Bogenfeld über dem Eingang thront Jesus Christus auf einem Regenbogen. Mit seiner rechten Hand segnet er alle Wesen und Geschöpfe dieser Erde, in seiner Linken hält er das Buch des Lebens. Er ist von sprießenden Pflanzen umgeben. Die Torwände sind auf jeder Seite mit sieben Säulen geschmückt – die sieben Säulen der Weisheit –, darüber sind aus Stein gemeißelte Bilder, die ein tolles Treiben von Dämonen, Menschen und Tieren zeigen: Gut und Böse sind beim Betrachten nicht sofort auseinander zu halten. Meistens kämpft das Gute gegen Böses, aber auch Böses mit Bösem, das wiederum neues Unheil hervorruft.

Der Eckstein am Vorbau des Riesentores

Über einem Eckstein auf der linken Seite des Vorbaus sind zwei rätselhafte Eisenstangen und ein kaum erkennbarer Kreis zu sehen. Die Stangen stellen Längenmaße dar: die obere misst exakt 77,7 Zentimeter und wird die kleine Elle genannt, die andere ist 89,7 Zentimeter lang und entspricht dem Maß der großen Elle – der so genannten Wiener Elle. Dienten diese Maße an der Kirche wirklich nur den Tuch- und Leinenhändlern als Richtmaß, oder haben sie noch einen anderen Sinn? Was heißt dieses Kreiszeichen? War es ein Maßzeichen für den Brotlaib, und jeder Bäcker, der diesen kleiner herstellte, wurde bestraft?

Über dem Eckstein am Vorbau des Riesentores sind rätselhafte Maße angebracht.

Fragezeichen über Fragezeichen. Für den sagenhaften Kreis gibt es die Erklärung, dass sich hier einmal die Türangel des Gitters vom Riesentor befunden hat, die beim Drehen diesen Kreis in die Mauer einritzte. Zu den Ellenmaßen gibt es auch andere Vermutungen von Forschern: Einige nehmen an, der Stephansdom sei nach einer ganz bestimmten Maßeinheit gebaut worden. Die beiden Ellenmaße stehen in einer besonderen Beziehung zueinander: Wenn aus der großen Elle ein gleichseitiges Dreieck gebildet wird, so ergibt die Höhes des Dreiecks genau das Maß einer kleinen Elle. Sicher erscheint, dass dem Stephansdom ein Zahlengeheimnis als Baugedanke zu Grunde liegt.

Der Richter im Vorbau des Riesentores

Die Richterfigur vom Vorbau des Riesentores

Oberhalb der Maße sitzt ein Mann in einer Nische, der sein linkes Bein über das Rechte schlägt und deshalb auch der „Dornauszieher" genannt wird. Geschmückt ist er mit einer Kette und einem Armreifen. Es handelt sich um die Darstellung einer vornehmen Persönlichkeit – eines Richters. Der Platz vor dem Riesentor diente im Mittelalter den Babenbergern als Stätte der Rechtssprechung.

Der Löll an der Westfassade

Mit Löll oder Lollus wurde früher ein magischer Zauberkopf bezeichnet, der als Wächtersymbol an Außenwänden angebracht wurde. Er hat immer schielende Augen, und aus seinem Mund hängt eine lange Zunge. Bei diesem Steinkopf ist die Zunge allerdings schon abgebrochen. In der englischen Sprache heißt „loll out" so viel wie „Zunge herausstrecken".

Das Neidhart-Grab beim Singertor

Dieses Hochgrab unter dem Baldachin wurde in der Zeit um 1360 von Herzog Rudolf IV. in Auftrag gegeben. Vor kurzem wurde es renoviert und dabei sein Geheimnis gelüftet. Es steht in Zusammenhang mit dem Minnesänger Neidhart und seiner Dichtung (siehe SAGE 9).

Der schielende Zauberkopf „Löll" mit abgebrochener Zunge

Der Südturm oder Hohe Turm

Bei den Wienern heißt der Hohe Turm liebevoll „Steffl". Wie schwerelos ragt er gegen den Himmel, die Höhe beträgt 136,70 Meter. Er stellt ein Meisterwerk gotischer Baukunst dar, auch liegt ihm eine verborgene Zahlensymbolik zu Grunde. Die Basis des Turmes ist ein Viereck (= Quadrat), das in ein Achteck (= Oktogon) übergeführt wird. Aus dem Oktogon wächst die Turmspitze, die von zwölf Fialentürmchen umgeben ist.
Die Turmspitze ragt wie ein Zeigefinger in den Himmel; sie ist wiederum dreigeteilt als Zeichen für die Heilige Dreifaltigkeit: Gott-Vater, Gott-Sohn und Gott-Heiliger-Geist. Doch was bedeuten die dem Turm zugeordneten Zahlen 4, 8 und 12, und an der Spitze die Zahl 3? 4 steht für unsere weltliche Erde: Es gibt vier Himmelsrichtungen, vier Jahreszeiten usw. 8 hingegen bedeutet Vollendung, also den Glauben, dass der Mensch auch nach seinem irdischen Tod weiterlebt. Und 12 ist eine himmlische Zahl, sie bestimmt auch den Jahreskreislauf durch die zwölf Sternzeichen. Zwölf Apostel haben auch die Lehre von Jesus Christus in die Welt getragen.

Die Wasserspeier am Chorbau

Dreißig Wasserspeier hocken außen am Chorbau. Es lassen sich verschiedene Fabeltiere wie Drachen erkennen. Meist weisen sie eine gewisse Ähnlichkeit mit Löwen, Greifen, Wölfen und Hunden, sowie Stieren und Widdern auf. Die grauslich dreinblickenden Wasserspeier stehen auf Konsolen, und darunter sind kleine menschliche Figuren angebracht.

Der Wetterhahn am Chorbau

Auf der Spitze thront ein 1,5 Meter hoher Dachhahn. Eine Sage erzählt, der Wetterhahn vom Stephansdom habe vor vielen hundert Jahren auf seinem Rücken einen gefangenen Mann aus der Türkei wieder glücklich nach Wien geflogen. Er benötigte nur eine Nacht – mit dem Hahnenschrei im Morgengrau war das Tier wieder beim Dom angelangt.

Wasserspeier von Sankt Stephan

Der Nordturm oder Adlerturm

Bei dem Bau des Nordturms fanden die Arbeiter in der Erde einen riesigen Knochen. Sie dachten damals, er stamme von einem sagenhaften Riesen aus grauer Vorzeit. Dieser Knochen wurde dann im Langhaus des Doms aufgehängt. Leider haben sich seine Spuren etwas verwischt. Vermutlich handelte es sich aber um den Knochen mit der rätselhaften Inschrift, der heute in der Universität Wien verwahrt wird.

Forscher haben herausgefunden: Der 86 cm lange Riesenknochen stammt vom Oberschenkel eines eiszeitlichen Mammuts. Tausende Jahre lag der Knochen im Löss, bis er zufällig vor ungefähr 560 Jahren beim Aushub für den Turm entdeckt wurde. Er erhielt damals eine kunstvolle Beschriftung: Zu lesen ist eine Jahreszahl mit abgeschnittenen Achtern. Im Mittelalter wurde gerne die Zahl 4 so geschrieben, indem einfach die Zahl 8 nur zur Hälfte aufgeschrieben wurde. Die Jahreszahl lautet also 1443. Auf der anderen Seite des Knochens findet sich der Wahlspruch von Kaiser Friedrich III. (1415–1493), der aus den abgekürzten Anfangsbuchstaben gebildet ist: A E I O U. Diese Buchstabenreihe lässt eine

Der sagenhafte Riesenknochen vom Nordturm mit seiner rätselhaften Inschrift vielseitige Deutung zu. Am bekanntesten ist die Auslegung: „AUSTRIA ERIT IN ORBE ULTIMA", das heißt übersetzt „Alles Erdreich ist Österreich untertan".

Beim Tor des Adlerturms ist ein Eisenring in die Kirchenmauern eingelassen. Früher wurde er als Asylring angesehen, bei dem jeder Verfolgte Schutz suchen konnte. Eine neue Erklärung: Der Eisenring diente lediglich als Vorrichtung für eine Seilwinde, mit der beim Bau des Nordturms große Steine hinaufgezogen wurden (siehe SAGE 1).

Der Tattermannstein und die vergitterte Nische
Leider sind dieser sagenumwobene Stein und das Gefängnis für die dämonischen Tattermänner wegen einer vorgelagerten Auslagenzeile nicht frei zugänglich (siehe SAGE 2).

IM INNEREN DER DOMKIRCHE SANKT STEPHAN
Kolomani-Stein in der Vorhalle des Bischoftors
Auf diesem Stein sollen im Jahre 1012 dem irischen Pilger Koloman bei Stockerau die Beine abgesägt worden sein. Nach seinem Tod geschahen viele Wunder; so soll zum Beispiel ein dürrer Holunderbaum wieder zu blühen begonnen haben. Mit diesem Stein ist viel Aberglauben verbunden: Wer den Stein berührt, wird Glück und Segen empfangen. Durch die vielen Berührungen ist der kleine Stein schon stark abgegriffen.

Geheimschrift Rudolf des Stifters in der Vorhalle des Bischoftors
Herzog Rudolf der Stifter, der den Grundstein für den Bau des hohen Südturms gelegt hatte, liebte Sankt Stephan und förderte den Bau. Er hat auch eine eigene Geheimschrift entwickelt, die heute noch an der Wand des Doms zu sehen ist. Der Inhalt dieses Schriftbandes an der Wand deutet an, dass Rudolf hier – genau an dieser Stelle – begraben werden wollte.

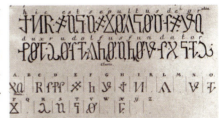
Geheime Schriftzeichen im Domnneren

Domkanzel mit Fenstergucker, um 1480
Der Fenstergucker hatte einst in Wien den Spitznamen Hansl. Ein Schwank erzählt, wenn man drei Mal um die Kanzel geht und fragt: „Hansl, was machst du jetzt?", so gibt er zwei Mal keine Antwort. Das dritte Mal sagt er dann: „Nichts!"

Die Kanzel ist außergewöhnlich gestaltet. Am Geländer kriecht abscheuliches Getier, das aber vom Hündchen der Wachsamkeit verbellt, und von der Kanzel verscheucht wird.

Dombaumeister Anton Pilgram, 1513

Anton Pilgram hält sein Werkzeug – Winkelmaß und Zirkel – als seine Zeichen in der Hand.

Am Orgelfuß hat sich der Dombaumeister Anton Pilgram selbst abgebildet (siehe SAGE 1).

Zahnweh-Herrgott in der Halle des Nordturms, um 1425

Diese halbfigurige Darstellung befand sich ursprünglich an der Außenwand des Doms. Sie zeigt Christus als Schmerzensmann. Eine Sage berichtet, dass Burschen im Vorübergehen die Steinfigur als „Herrgott mit den Zahnschmerzen" verspotteten. In der Nacht darauf bekamen die übermütigen Lästerer aber schreckliches Zahnweh, das erst wieder verschwand, nachdem sie die Christusfigur aufgesucht und ihr Tun bereut hatten.

Der Hochaltar, 1641–46

Der Hochaltar ist wie ein Portal gestaltet. Das Altarbild ist dem heiligen Stephan gewidmet, dem diese Kirche geweiht ist. Es zeigt seine Steinigung vor den Toren Jerusalems.

Dienstboten-Mutter-Gottes, um 1300

Die Mutter-Gottes-Statue wird heute noch gerne von Frauen besucht (siehe SAGE 3).

Gnadenbild von Maria-Pócs, 1676

Dieses Mutter-Gottes-Bild wird nach wie vor auch heute sehr verehrt. Es stammt aus dem ungarischen Dorf Pócs, in dem vor ungefähr 300 Jahren etwas Mysteriöses geschah: Aus den Augen der heiligen Maria flossen drei Tage lang Tränen. Das Wunder wiederholte sich mehrmals, auch vor Expertenaugen, deshalb wurde das Bild nach Wien in den Stephansdom gebracht.

Die Himmelspförtnerin

Diese Marienstatue befand sich ursprünglich im Himmelpfortkloster und steht heute in der Eligiuskapelle, die für Menschen reserviert ist, die in der Stille zu Gott beten möchten. Niemand sollte sie dabei stören. Wer jedoch hineinhuschen möchte, kann diese konzentrierte Ruhe dort spüren, und dabei die lebensgroße Madonna betrachten (siehe SAGE 11).

DIE VIRGILKAPELLE

Auf dem Stephansplatz gibt es auch am Boden einiges zu entdecken: Farbige Pflastersteine zeigen den Umriss der alten kleinen Maria-Magadalena-Kapelle an. Sie befand sich auf dem Friedhof, und in ihr wurden die Toten aufgebahrt. Sie ist im Jahr 1781 abgebrannt und nicht mehr aufgebaut worden.

Ein magisches Gesicht schaut in der Virgilkapelle von der Wand. Der größte Teil der Farbe ist verloren gegangen, doch das linke Auge ist gut erkennbar.

Bei den Bauarbeiten für die U-Bahn fand man 1972 unter dieser Stelle Gewölbe, die mit Schutt angefüllt waren. Sie lagen zwei Geschoße unter der Maria-Magdalena-Kapelle, und waren früher vermutlich nur mit einer Strickleiter zu erreichen. Bei diesen Räumen handelt es sich um die Virgilkapelle, die besichtigt werden kann. Sie ist heute eine Außenstelle des Historischen Museums der Stadt Wien.

Von der Kapelle, die 12 Meter unter dem heutigen Niveau des Stephansplatzes liegt, geht eine geheimnisvolle Stimmung aus. Die Gewölbe sind ungefähr 760 Jahre alt, und an den Wänden sind Radkreuze aufgemalt. Im Osten der Kapelle gibt es einen Brunnen, und in der nordöstlichen Nische ist sogar ein geheimnisvolles Gesicht zu entdecken.

STOCK-IM-EISEN-PLATZ

Um den mit einem Nagelpelz überzogenen Fichtenstamm ranken sich viele Sagen und Geschichten (siehe SAGE 4). Der Stock-im-Eisen wurde als Mittelpunkt der Stadt Wien angesehen. Gleich im Nebenhaus, Stock-im-Eisen-Platz 3, ist an den schweren Eingangstüren die Erzählung über den rätselhaften Baumstamm dargestellt. Der Stock-im-Eisen-Platz war früher gegen den Graben und den Stephansplatz durch eine schmale Häuserzeile getrennt. Diese wurden vor ungefähr 140 Jahren abgetragen. Der alte Name blieb aber erhalten, obwohl er in Wirklichkeit kein abgeschlossener Platz mehr ist.

1

Die Domkirche Sankt Stephan ist ein Wahrzeichen von Wien. Wie ein Zeigefinger ragt der hohe Südturm in den Himmel. Der gegenüberliegende Nordturm hätte noch schöner und größer werden sollen – doch er blieb unvollendet. Nebenstehendes Bild wurde nur wenige Jahre nach dem Baustopp gemacht. Es zeigt noch den Kran, der auf dem Turmstumpf steht. Doch der Kran verrostete allmählich. Ein Teufelspakt soll der Grund gewesen sein, dass der Nordturm nicht mehr weiter in die Höhe wuchs …

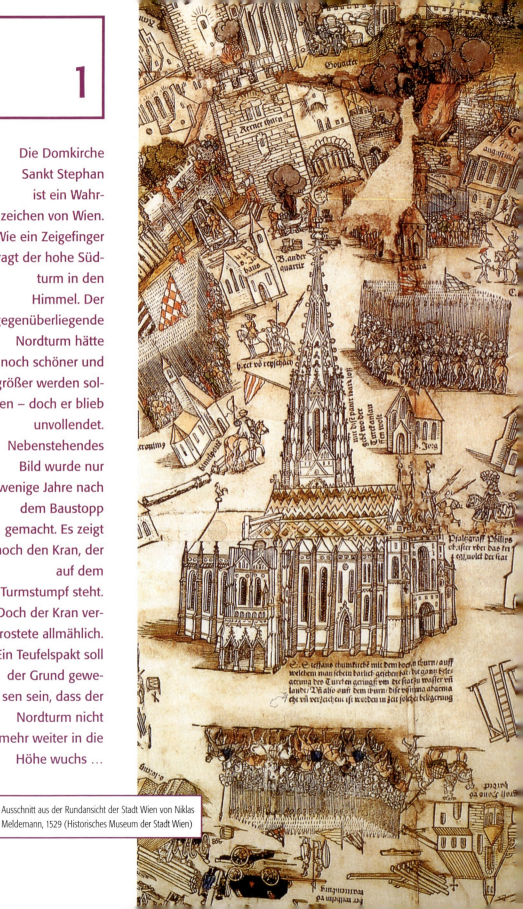

Ausschnitt aus der Rundansicht der Stadt Wien von Niklas Meldemann, 1529 (Historisches Museum der Stadt Wien)

MITTE VON WIEN | sage   1

Meister Hans Puchsbaum und der Nordturm

Im Jahr 1433 war es endlich so weit: Der Hohe Turm von Sankt Stephan in Wien war nach vielen Jahrzehnten intensiver Arbeit endlich fertig gestellt worden. Nirgendwo gab es ein ähnliches Kunstwerk, das so feingliedrig geziert und doch so mächtig gegen den Himmel ragte. Der erfahrene Meister Hans Prachatitz hatte entscheidend an seiner Vollendung mitgewirkt. Mit Stolz betrachtete er den Südturm als seine Arbeit, den die Wiener nun liebevoll „Steffl" nannten. Da gab es noch etwas sehr Wichtiges im Leben des berühmten Dombaumeisters: seine schöne Tochter Maria.

Unter der Leitung von Prachatitz hatte auch ein sehr junger und äußerst begabter Steinmetz am Bau mitgeholfen. Er hieß Hans Puchsbaum und wurde bald wegen seiner Tüchtigkeit vom Gesellen zum Meister ernannt. Dieser berufliche Aufstieg machte Puchsbaum zwar selbstbewusst, aber zu seinem wahren Glück fehlte ihm Maria – die Tochter seines Vorgesetzten –, in die er sich schrecklich verliebt hatte. Maria erwiderte wohl seine Liebe, doch war eine Heirat für das Paar gar nicht so einfach. Zuerst musste der Mann beim Vater der jungen Frau um ihre Hand anhalten, und erst wenn dieser seine Einwilligung gegeben hatte, konnten sie Hochzeit feiern.

Der ehrgeizige Puchsbaum musste also bei seinem eigenen Lehrherrn um die Tochter Maria bitten. Doch mit diesem Wunsch kam er an den Falschen. Der berühmte Meister Prachatitz wollte überhaupt nichts davon wissen, seine Tochter einem ehemaligen Schüler anzuvertrauen. So sehr sich Puchsbaum auch bemühte, sich und seine Fähigkeiten in ein gutes Licht zu stellen, Prachatitz tobte vor Wut über den seiner Meinung nach unverschämten und kecken Puchsbaum. Aber wie nach einer plötzlichen Eingebung blinzelte er dann und meinte langsam, jedes einzelne Wort betonend: „Wenn es dir gelingt, in einem Jahr den zweiten hohen Turm ebenso herrlich zu bauen, wie ich den Südturm gestaltet habe – dann kannst du meine Tochter Maria haben!"

Mit Hilfe eines Lastkrans wurde der mit Mörtel gefüllte Bottich auf den Turm gezogen.
(Turmbau, um 1450)

Nun standen sich der junge und der alte Meister gegenüber, und jeder von ihnen wusste, diese Bedingung war

| 17

nach menschlichem Ermessen nicht zu erfüllen. Ein derartig aufwändiger Bau dauerte viel länger, als ein Menschenleben ausreicht. Selbst wenn viele Steinmetze, Gesellen und Helfer daran arbeiten: Innerhalb eines Jahres könnte nie und nimmer ein so komplizierter Turm gebaut werden! Es bestand keine Hoffnung für Hans Puchsbaum, seine geliebte Maria jemals zu bekommen. Niedergeschlagen verließ er das Haus von Prachatitz.

Bisher hatte Puchsbaum in seinem Leben immer alles erreicht, und auch bekommen was er wollte. Voll Zorn dachte er an seine Niederlage, und ständig plagte ihn nur mehr ein Gedanke: Vielleicht könnte er doch das Unmögliche schaffen? So manchen Tag betrachtete er den erst vor kurzem vollendeten Riesenturm des Stephansdoms. Und so manche Nacht schritt er die Stelle ab, wo der zweite Turm emporsteigen sollte.

Eines Nachts, es ging schon auf Mitternacht zu, grübelte der junge Meister wieder voll Ungeduld vor dem wundervollen Gotteshaus, als er plötzlich eine männliche Gestalt neben sich entdeckte. Diese betrachtete ihn beinahe wehmütig. „Du erbarmst mich", begann die seltsame Erscheinung zu sprechen, „ich weiß, an dir nagt großer Kummer. Ich will dir helfen." Puchsbaum zuckte zusammen, denn er fühlte sich tatsächlich in seiner Not sehr einsam und verlassen.

Der Teufel schleppt als Beute einen Menschen ab.
(Steinfigur am Südturm in ungefähr 80 Meter Höhe)

Nach einer Weile fragte er stockend den Fremden: „Und was verlangst du für deine Hilfe?" Mit einer hohen und etwas dünnen Stimme kam die Antwort: „Ich fordere nicht viel! Nur darfst du während des Baus nicht den Namen Gottes nennen, noch den Namen der heiligen Jungfrau Maria, und auch keinen anderen heiligen Namen aussprechen!" Da bemerkte Hans Puchsbaum, mit wem er es zu tun hatte. Doch schien ihm die Einhaltung dieser Bedingung nicht schwer, und in seiner Verzweiflung schloss er den Pakt ab. Der Unheimliche verschwand als trüber, roter Schein im nächtlichen Dunkel.

Schon am nächsten Tag begann der Bau des Nordturms. Die Arbeiten gingen mit einer unglaublichen Schnelligkeit voran. Keine Hindernisse und Verzögerungen traten auf, alle Baumaterialien wurden ohne sichtbare Fehler rasch geliefert, nichts zerbrach. Fast wie von selbst fügte sich Stein auf Stein – Puchsbaum wunderte sich sehr. Der junge Meister hielt sich an seinen Vertrag mit dem Teufel, denn niemand anderer war es gewesen als der Fürst der Hölle. Puchsbaum sah schon das Gelingen des zweiten Turms, trotz der enorm kurzen Bauzeit. Hochmut erfüllte seine Seele, wenn er an seinen Lehrer dachte: Sein neuer Turm war doch bedeutend schöner, mit fein gemeißelten Fialen, Kreuzblumen und Figuren geschmückt als der fertige Südturm von Prachatitz, oder? Den ganzen Tag verbrachte Puchsbaum mit seinen Zeichnungen, Plänen und Visionen. Jeden Abend stand er am Gerüst, um den Fortschritt zu bestaunen. So hatte er keine Zeit mehr gehabt, an seine geliebte Maria zu denken oder sich gar mit ihr zu treffen.

Als er eines Abends wieder vom Gerüst aus schwindelnder Höhe auf den Stephansplatz hinuntersah, erblickte er seine Braut. Sie ging gerade vorüber, ohne aufzublicken. Puchsbaum fühlte, dass er sich nicht täuschte: Sie musste es sein. In großer Freude streckte er die Arme zu ihr hinab und rief mit lauter Stimme vom Turm: „Maria!" Im selben Augenblick, in dem er diesen heiligen Namen ausgesprochen hatte, fiel das Gerüst in sich zusammen, und Puchsbaum stürzte Hals über Kopf in die Tiefe. Danach erhob sich ein mächtiges Brausen, und Trümmer des Nordturmes bedeckten den Toten. Ein rotes Wesen erschien, löste sich aber wieder geheimnisvoll in Nichts auf – ein grausliches und diabolisches Gelächter hallte weit über die Stadt.

Der Magistrat der Stadt Wien ließ sofort den Schutt und die Steine wegräumen, doch von dem unglücklichen Puchsbaum war keine Spur mehr zu finden. Seit dieser Zeit hat man den Gedanken aufgegeben, an dem Nordturm weiterzubauen. Deshalb blieb der Turm bis heute unvollendet.

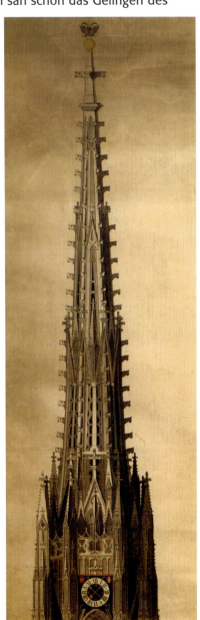

Der gotische Südturm von Sankt Stephan ist außen reich verziert. Jeder Strebepfeiler schließt mit einem Türmchen – Fiale genannt – ab. In der Höhe der Turmuhr sind Riesenfialen zu erkennen.
(Aufriss des Hohen Turms von Josef Magauer, 1825/26)

1 daten & fakten | MITTE VON WIEN

stand.ort
1, Stephansplatz 1, Domkirche Sankt Stephan, Nord- oder Adlerturm

was geschah wirklich?
Hans von Prachatitz stellte als Dombaumeister wirklich den hohen Südturm im Jahre 1433 fertig, der zu dieser Zeit der höchste Turm in Europa war. Und als im Jahr 1450 die Fundamente für den Nordturm gelegt wurden, arbeitete Hans Puchsbaum als Dombaumeister an Sankt Stephan. Doch starb er bereits vier Jahre später. Es dauerte noch weitere dreizehn Jahre nach seinem Tod, bis endlich der Bau des zweiten Riesenturms begann – Hans Puchsbaum ist also nicht abgestürzt. Puchsbaum ist berühmt geworden für seine schöne Steinsäule „Spinnerin am Kreuz" (siehe SAGE 20).

Im Jahre 1511 wurde der Bau am Nordturm eingestellt. 61 Jahre hatten viele Steinmetze und Meister an ihm gewerkt, doch nun fehlte das Geld, und der gotische Stil, in dem beide hohen Türme gehalten sind, war nicht mehr modern. Eine neue Zeit war angebrochen.

sagenhaftes + wunderliches
Bei allen besonders kunstfertigen hohen Türmen von gotischen Kirchen oder Kathedralen, die unvollendet geblieben sind, soll der Teufel seine Hand im Spiel gehabt haben – zumindest wird das in vielen europäischen Sagen behauptet. Mit den Steinmetzgesellen, die immer wieder ihren Arbeitsplatz wechselten, wanderten solche Sagen von Stadt zu Stadt.

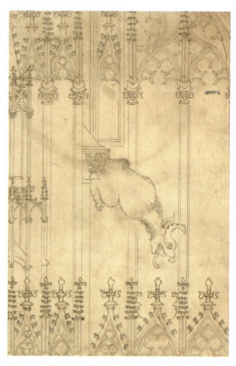

Einen grauslichen Teufel als Wasserspeier plante der Dombaumeister am Nordturm. Doch diese Zeichnung stammt nicht von Hans Puchsbaum, der lediglich in der Sage den Nordturm entworfen hat, sondern von seinem Nachfolger.
(Entwurf für den Nordturm von Laurenz Spenning, 3. Viertel des 15. Jahrhunderts)

Im Mittelalter herrschte die Idee vor, dass der Künstler mit seinem Werk der Ehre Gottes diene, und sein eigenes Ich dabei vollkommen zurückstellt. Die Meister arbeiteten oft anonym, viele ihrer Namen sind deshalb heute nach über 500 Jahren nicht bekannt. Am Ende dieser Zeitepoche änderte sich

MITTE VON WIEN | daten & fakten

diese Einstellung, und die Kunstschaffenden wollten rasch zu Berühmtheit und mehr Geld kommen. Neid, Eifersucht sowie Konkurrenzkampf führten dann zu Streit zwischen den Bauleuten – diese sehr menschlichen Eigenschaften werden in der Sage mit dem Bösen, dem Teufel in Beziehung gesetzt.

Der Stein mit dem Gesicht war ursprünglich am Südturm in der Höhe des Glockenstubengeschoßes an einer versteckten Stelle eingefügt. Hat sich Meister Prachatitz selbst dargestellt und sich damit ein Denkmal gesetzt?
(Bildnis eines Dombaumeisters, um 1410/20. Historisches Museum der Stadt Wien)

An der Wende vom Mittelalter zur Neuzeit setzten sich Dombaumeister selbstbewusst mit ihrem Bildnis sogar ein Denkmal in der Kirche: Am berühmtesten sind der Fenstergucker an der Kanzel und Anton Pilgram am Orgelfuß. Aber alte Erzählungen vereinen mehrere Aspekte: Der ständig nach außerordentlichen Leistungen strebende Künstler, der auch leidenschaftlich um sein Werk kämpft, geht oft bis an die Grenzen seiner Kräfte. Er ist dadurch empfänglich für gute Mächte, aber auch mehr gefährdet, Dummheiten zu begehen. Schafft er sein Werk nicht, dann kann er – sinnbildhaft ausgedrückt – in den Abgrund seiner Träume stürzen. Die Redewendung „Er hat seine Seele dem Teufel verkauft" umschreibt auch, dass der Mensch zu wenig Achtsamkeit auf sich, seine Mitmenschen und seine Taten gelegt hat und ihm nur vordergründige schnelle Erfolge wichtig waren.

Der Teufel gilt als der Anführer der bösen Geister, der Dämonen. Im Christentum ist der Teufel der personifizierte Widersacher Gottes, der die Menschen zum Bösen, zur Sünde verführt. Sein Reich ist die Hölle. Andere Namen sind auch Luzifer, Satan oder Leviathan, doch darf sein Name nicht ausgesprochen werden. So wird er als „Fürst der Welt" – als Gegensatz zu Gott-Vater im Himmel – bezeichnet. Die Farbe der Hölle und des Teufels ist Rot. Im Südturm von Sankt Stephan gibt es einen „Teufelsgang", einen besonders engen Gang, der früher zur Pummerin geführt hat.

geschichte.spezial

Die Namen Prachatitz und Puchsbaum stehen in der Reihe der vielen Dombaumeister, die an Sankt Stephan gewirkt haben: Peter von Prachatitz leitete in der Zeit von 1404 bis 1429 die Arbeiten am Südturm. Dann folgte ihm Hans von Prachatitz, unter dem 1433 der Abschluss stattfand. Ob die beiden Meister Hans und

Peter miteinander verwandt waren, konnte bis heute nicht geklärt werden. Aber der Name Prachatitz ist mit dem zügigen Baufortschritt des Hohen Turms fast dreißig Jahre eng verbunden. Das könnte dafür sprechen, dass der Name in der Sage ein Denkmal bekommen hat.

In den ersten Plänen für die Stephanskirche waren zwei Riesentürme vorgesehen, doch während der langwierigen Bauarbeiten zögerte man, dieses Konzept überhaupt zu verwirklichen. Erst nachdem das Langhaus und der Hohe Turm des Stephansdoms fertig waren, fasste man den Entschluss, sich doch an den zweiten hohen Turm zu wagen. Als der Grundstein für den Nordturm 1450 gelegt wurde, war Hans Puchsbaum gerade Dombaumeister. In diesem Jahr war der Wein so sauer, dass ihn die Bürger auf die Gasse schütteten. Der „Reifbeißer", so nannten sie diesen sauren Wein, zersetzte ihnen die Fässer. Da befahl Kaiser Friedrich III. den Wein zur Stephanskirche zu bringen, um den Kalk damit zu löschen. Auf diese Weise sollte ein besonderes festes Fundament gebaut werden.

Dieses romantische Bild zeigt eine andere Variante der Sage: Ein boshafter Altgeselle – in Wirklichkeit der Teufel – ist auf den tüchtigen Meister Puchsbaum eifersüchtig, und legt ihm am Baugerüst des Hohen Turms eine Falle: ein loses Brett. Im Mondenschein zeigt sich dann der Teufel am Gerüst. Meister Puchsbaum ärgert sich maßlos, dass der Geselle sich am Turm herumtreibt, eilt hinauf und stürzt ab. Der Altgeselle wird riesengroß und verschwindet mit höhnischem Gelächter. (Ölgemälde von Johann Adam Klein, um 1830)

Ein mächtiges, allerdings nicht sehr tiefes Fundament aus Gussmauerwerk entstand, das dann 17 Jahre rasten musste, um die tonnenschwere Last tragen zu können. Langsam schritt der Bau voran, Hans Puchsbaum war längst gestorben. Nach ungefähr 61 Jahren Bauzeit war erst ein Drittel der Höhe des Nordturmes erreicht. Im Vergleich dazu benötigte der beinahe 137 Meter hohe Südturm insgesamt 74 Jahre bis zu seiner Vollendung. Die „Haube" mit der Kuppel erhielt der Nordturm in den Jahren 1556 bis 1578. Durch seine Bekrönung mit dem Wappentier des Adlers heißt der Nordturm auch „Adlerturm". Heute hängt die größte Glocke des Doms, die 21.383 kg schwere Pummerin, im oberen Teil des Nordturmes.

Folgende historisch wahre Begebenheiten sind sicherlich in die Erzählung eingeflossen: Es gab wie bei jedem großen Vorhaben auch schwere Unfälle während des Baus: Im Jahr 1389 stürzte vom Hohen Turm ein Mann tödlich ab. Auch aus dem Jahr 1562 wird über den Absturz eines Turmknabens berichtet. Ein Streit zwischen zwei Dombaumeistern ist ebenfalls urkundlich nachweisbar. Jedoch nicht Puchsbaum – wie die Sage erzählt –, sondern Meister Jörg Öchsl hat als letzter Baumeister bis 1511 am Nordturm gearbeitet. Öchsl hatte heftige Auseinandersetzungen mit Meister Pilgram, einem bis heute ebenfalls sehr bekannten Baumeister des Stephansdoms.

2

Kleine Teuferln hüpfen auf einer Waagschale, die der heilige Michael in der Hand hält. Die Flügel des Engels sind zu erkennen. Er wiegt gerade eine Menschenseele ab, ob sie gut oder böse ist. Die teuflischen Kobolde möchten die Seele für die Hölle gewinnen.

Michaelsfenster aus der Bartholomäuskapelle des Stephansdoms, um 1380/90 (Historisches Museum der Stadt Wien)

MITTE VON WIEN | **sage**

Die drei Teuferln Luziferl, Spirifankerl und Springinkerl

Schon seit urlanger Zeit trieben sich entlang der Außenmauer von Sankt Stephan und auf dem Kirchenplatz besonders viele Teufel herum: Größere wie auch kleinere Dämonen sausten umher und spähten nach Menschen, die sie zu bösen Taten verführen könnten und deren Seelen leicht für sie zu erjagen wären. Drei von den eher kleineren Teuferln – sie hießen Luziferl, Spirifankerl und Springinkerl – schlossen sich sogar zusammen, um vereint besser ihre Streiche aushecken zu können.

Diese Teufelsbande verfolgte bald einen kühnen Plan: Die drei hatten sich geschworen, ein neues Revier für ihre bösen Absichten zu suchen. Keiner von ihnen verspürte mehr besondere Lust, bis auf ewige Zeiten außerhalb der Stephanskirche ständig das gleiche teuflische Tun verrichten zu müssen. Nein! Ihre Begehrlichkeiten richteten sich nun auf das Innere der Kirche als superneues Arbeitsfeld. Zwar kannten sie das ungeschriebene Gesetz, dass im geheiligten Kirchenraum – wie auch an jedem anderen heiligen Ort – der Aufenthalt für dämonische Wesen nicht erlaubt ist. Aber gerade dieses Verbot reizte Luziferl, Spirifankerl und Springinkerl ganz besonders, heimlich in die Kirche zu gelangen.

Eines Tages entdeckten die ruhelosen Teuferln ein Loch im Maßwerk eines Fensters. Vermutlich hatte Luziferl die kaputte Stelle zuerst gesehen, denn er war der schlaueste und gleichzeitig auch gefährlichste unter ihnen – aber so genau lässt sich das nicht mehr sagen. Jedenfalls zögerten die drei nicht lange und dann – niemand bemerkte die ruchlose Tat – schlüpften sie einer nach dem anderen blitzschnell ins Innere.

In der riesigen Kirchenhalle angekommen, bezogen sie vorerst einen bunten Schlussstein im hohen Gewölbe. Während sie sich zu dritt an einer gemeißelten Blattranke anklammerten, aber gleichzeitig vor lauter Ungeduld ein bisschen zu turnen begannen, verschafften sie sich aus luftiger Höhe einmal einen Überblick. Ihre Teufelspupillen weiteten sich: So viel Gold hatten sie in ihrem ganzen Teufelsleben noch nicht gesehen, die Spitzbogenfenster leuchteten von innen gesehen wie kostbare Edelsteine! Luziferl, Spirifankerl und Springinkerl waren überwältigt von der Schönheit und Pracht des heiligen Kirchenraumes.

Mensch und Teuferl
(Aus der linken Reliefreihe des Riesentores)

Für einen kurzen Augenblick beschlich sie sogar eine merkwürdige Sehnsucht nach einem friedlichen und liebevollen Leben. In einem spontanen Gedankenblitz hätten sie beinahe ihr Teufelsdasein abgelegt – aber nur beinahe. Denn sofort überkam sie wieder ihre diabolische Lust nach Bösem, und sie vibrierten danach, endlich inmitten des Heiligtums ihr Unwesen entfalten zu können. Listig gingen sie an ihr Werk, indem sie vorerst nur einmal im Verborgenen arbeiteten. Nach ihrem Plan wollten sie die Menschen vom Gebet zu Gott ablenken, und damit verunsichern sowie verwirren. Mit dieser Taktik hofften sie, über viele Menschenseelen gleichzeitig dämonische Macht zu gewinnen.

Bald herrschte in der Kirche zu Sankt Stephan ein heilloses Chaos. Nichts stand mehr dort, wo es eigentlich hingehörte. Jeden Morgen fand der Pfarrer wie von Geisterhand viele heilige Gegenstände verrückt und verstellt vor. Mühsam musste der Messner mit Gehilfen die schweren Heiligenstatuen wieder an ihre richtigen Plätze schleppen. Und so sehr sich auch die Pfarrmitglieder bemühten, alles wieder in Ordnung zu bringen – es gelang ihnen nicht. Auch passierte in diesem Durcheinander ständig etwas Unvorhergesehenes. Auf einmal waren die langen Kerzen für die Messe verbogen und konnten nicht mehr angezündet werden, dann wieder lagen die duftenden Altarblumen zerfleddert am Boden. Alle diese Aktionen blieben für die Menschen unerklärlich – denn die Teuferln blieben unsichtbar.

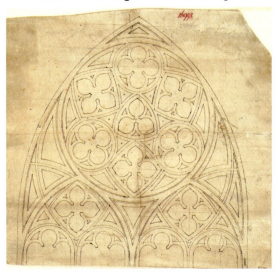

Das gotische Kirchenfenster wurde durch steinerne Stäbe in hohe Felder geteilt, die dann durch Spitzbogen geschlossen wurden. Die entstandenen Bogenflächen wurden in Kreisformen unterteilt. Diesen Fensterschmuck – der wie ein schönes Muster wirkt – nennt man Maßwerk.
Das Maßwerk wurde früher von den Menschen auch als Gitter gedeutet, in dem sich die Dämonen verfangen sollen. Denn die großen Fenster könnten sonst von bösen Geistern als Einfluglöcher benutzt werden.
(Maßwerkzeichnung für das Westfenster des Stephansdoms von Lorenz Spenning, um 1465)

Luziferl, Spirifankerl und Springinkerl triumphierten: Die Leute sprachen in der Kirche nur mehr von den unsinnigen Vorfällen – einige lachten darüber, andere wiederum bekamen Angst und begannen aufgeregt zu streiten. Niemand wusste Rat, und das Tohuwabohu nahm von Tag zu Tag zu. Das ermutigte die kleinen Teuferln zu immer größerem Übermut: Sie begannen die Leute während des Gottesdienstes zu zwicken und zu zwacken, mal in die Waden, mal in den

Bauch oder mal in den Arm oder sonst wohin. Unruhig wetzten die Menschen in der Stephanskirche auf den Bänken hin und her und konnten kaum mehr der Predigt des Pfarrers folgen. Plötzlich kicherte jemand sogar auf, wenn ihn gerade ein listiges Teuferl kitzelte.

Der Pfarrer war verzweifelt, und er versuchte der Sache auf den Grund zu gehen. Er besaß gute Freunde, die er ins Vertrauen zog – gemeinsam wollten sie diesem Zauber ein Ende bereiten. Während des Gottesdienstes beobachteten nun die frommen Helfer ganz genau das Geschehen in der Kirche. Und sie trauten ihren Augen nicht: Da wischte doch plötzlich ein haariger Schwanz mit einer kugeligen Quaste am Ende um die Bankecke, dort wiederum funkelte lauernd ein kleines Monster mit einer langen Zunge hinter dem Taufstein hervor.

Die Teufelsbande war nämlich inzwischen durch ihren Erfolg so tolldreist geworden, dass sie gar nicht mehr daran dachte, unsichtbar agieren zu müssen. Die drei Teuferln zeigten sich bereits in ihrer wahren Gestalt, und daher war es den Menschen möglich geworden, endlich die Übeltäter zu erkennen. Von da an hat es nicht mehr lange gedauert, bis sie eingefangen waren. Zuerst erwischten beherzte Leute den Anführer Luziferl, und damit war das Schicksal von Spirifankerl und Springinkerl ebenfalls besiegelt. Es wurde beschlossen, dass die drei Teuferln aus dem Kircheninneren für immer und ewig verbannt werden sollen.

So steckte man die drei böswilligen Geister in einen Käfig und mauerte diesen außen an der Nordseite der Stephanskirche fest ein. Jetzt befanden sich Luziferl, Spirifankerl und Springinkerl wieder außerhalb der Kirche – zusätzlich eingesperrt hinter schweren Eisengittern! Vor Zorn erstarrten sie augenblicklich zu Stein. Die Wienerinnen und Wiener spazierten fröhlich und zufrieden an ihnen vorüber, und zeigten ihren Kindern diese gebannten Dämonen, zu denen sie auch Tattermänner sagten.

Zu den Verzierungen eines gotischen Doms gehören Krabben – aus Stein gemeißeltes Blattwerk. Der Sage nach bilden Krabben ein gesuchtes Versteck für kleine Teuferln. (Historisches Museum der Stadt Wien)

daten & fakten | MITTE VON WIEN

stand.ort
1, Stephansplatz, Domkirche Sankt Stephan

An der nördlichen Längswand des Doms befindet sich zwischen dem Bischofstor und einem gotischen Strebepfeiler ein eisernes Gitterwerk (35 x 45 cm) – eine vergitterte Mauernische. Darüber ist eine Steinplatte mit einer Inschrift angebracht. Der Text dieses Tattermannsteins gibt einige Hinweise zur Geschichte des merkwürdigen Käfigs.

tipp!
Leider ist das Denkmal nur am Tag der offenen Tür der Dombauhütte zu sehen, sonst verbirgt es sich hinter einer Auslagenwand. Aber von der Straßenseite vis-à-vis ist ein modernes Blechgitter zu erkennen, darunter der obere Teil des Tattermannsteins.

Die Sage berichtet von koboldartigen Teuferln – auch Tattermänner genannt. Sie wurden in einem Eisenkäfig gefangen gehalten. In einer Nische zwischen dem Bischofstor und der Langhauswand des Stephansdoms ist ein solcher Eisenkäfig angebracht. Darüber befindet sich eine rätselhafte, sehr schwer zu entziffernde Inschrift. Der Text ist in gotischer Schrift ausgeführt; der Beginn lautet im Original folgendermaßen:„ + ir menschen alesambt gelaubt in got + unt behalt Christi gebot + des di haidn nit habent getan + sie paten an die taterman" In unsere moderne Sprache übertragen heißt das: „Ihr Menschen alle, glaubt an Gott + und behaltet Christi Gebot + die Heiden haben es nicht getan + sie beteten an den Tatermann."

was geschah wirklich?
Die Sage von den drei Teuferln, die in Sankt Stephan ihren Unfug mit den Kirchenbesuchern getrieben haben sollen, steht eng im Zusammenhang mit der vergitterten Mauernische an der nördlichen Außenmauer. Im Minigefängnis wurden wirklich vor über 500 Jahren drei puppengroße Figuren eingesperrt! Allerdings sind nur mehr die Metallstifte ihrer Befestigung vorhanden. Vor ca. 350 Jahren wurden die ungefähr 20 cm hohen Gestalten, die entweder aus Stein oder Bronze hergestellt waren, entfernt. Seither sind sie verschollen.

Diese drei Statuetten wurden in der Zeit des ausgehenden Mittelalters als unheimliche Kobolde oder Dämonen angesehen. In Wirklichkeit dürfte es sich aber um Götterstatuen aus der Römerzeit handeln, die zufällig bei Bauarbeiten vor 500 Jahren ausgegraben wurden. Manche Wissenschaftler meinen sogar, einer von ihnen könnte Jupiter – der allerhöchste Gott des römischen Götterhimmels – und ein anderer der römische Kriegsgott Mars gewesen sein. Diese heidnischen Kultfiguren wurden im späten Mittelalter am heiligen Kirchenbau entzaubert und gebannt.

sagenhaftes + wunderliches

Viele seltsame und geheimnisvolle Zeichen wurden auf dem Stephansdom angebracht; dass aber drei Figürchen hinter Schloss und Riegel gesteckt wurden, war doch selten. Was stellten sie dar, und was haben sie angestellt? Wie aus der zum Käfig gehörenden Inschrift hervorgeht, saßen so genannte Tattermänner hier ein. Diese Bezeichnung leitet sich von dem Wort „Tartarus" ab, einem der Hölle ähnlichen Ort des Schreckens, an dem verdammte Seelen ihre Sünden büßen mussten.

Diese Fratze mit ihren quellenden Augen war ursprünglich am Südturm angebracht. (Bauteil, um 1380. Historisches Museum der Stadt Wien)

In österreichischen Märchen und Redewendungen kamen Tattermänner als koboldartige Dämonen vor, die auch Götzenmanderln, Teuferln, Spazifankerln oder Spirifankerln, Springinkerln usw. genannt werden konnten. Als Springinkerl wird heute noch in Wien ein besonders lebhaftes Kind bezeichnet.

Viele abergläubische Vorstellungen sind heute längst vergessen: So erzählte man sich vor über 150 Jahren in Niederösterreich, dass die Teufelchen Spazifankerl oder auch Spirifankerl aus dem Ei einer schwarzen Henne ausgebrütet wurden. Andere meinten, wenn man das frisch gelegte Ei einer schwarzen Henne, die zum ersten Mal legt, neun Tage unter dem linken Arm trägt, schlüpft ein Teufelchen – während der Zeit darf der Mensch sich weder waschen noch beten! Dieses Spirifankerl erfüllt dem Menschen sieben Jahre lang Wünsche. Vor Ablauf der Dienstzeit muss man allerdings versuchen, den winzigen Dämon loszuwerden. Er kann in eine Schachtel oder Flasche gesperrt und um genau drei Pfennige verkauft werden. Gelingt es nicht, wird der Besitzer ein Opfer des Teufels – so die sagenhaften Geschichten.

Nach biblisch-christlicher Vorstellung sind Dämonen die von Gott abgefallenen Engel – das Gefolge des Teufels. Ihr Anführer Luzifer hat sich gleich nach der Erschaffung der Welt aus Neid oder Hochmut von Gott losgesagt. Der Name Luzifer bedeutet eigentlich „Lichtträger" und erinnert daran, dass auch er war einmal ein Engel war.

geschichte.spezial

Im Mittelalter wurden alle Nichtchristen als Heiden bezeichnet. Die katholische Kirche lehnte die antiken Religionen mit den vielen Göttinnen und Göttern ab, und sie verbot die Verehrung heidnischer Gottheiten.

3

Die Dienstboten-Mutter-Gottes in der Domkirche Sankt Stephan ist über 700 Jahre alt. Im linken Arm hält sie zärtlich das Jesuskindlein, das mit ihrer Brosche spielen darf. Das Kunstwerk strahlt Liebe, Friede und Harmonie aus. Vor dieser heiligen Marienstatue, so erzählt die Sage, hat ein verleumdetes Dienstmädchen einmal um Hilfe gebeten, und sie auch erhalten.

Im Inneren der Domkirche Sankt Stephan, beim Eckpfeiler im südlichen Querschiff – Halle des Südturms

Die Dienstboten-Mutter-Gottes

Das Mädchen war allein und vollkommen auf sich gestellt nach Wien gekommen. Da es niemanden kannte und auch gar nicht wusste, wo es Unterschlupf finden sollte, war es froh, eine Stelle bei einer reichen Frau gefunden zu haben. Eigentlich war das Mädchen noch viel zu jung um zu arbeiten, und so putzte und werkte es als Dienstbotin und erledigte alles, was anderen zu mühsam war. Trotzdem war sie zufrieden, dass sie ein Dach über dem Kopf hatte und etwas zu essen bekam – auch wenn es nur Reste von der herrschaftlichen Tafel waren.

Ihre Dienstgeberin legte großen Wert auf äußeren Schein, und was die Leute über sie erzählten: Als Gräfin führte sie ein großes Haus, lud Gäste ein und besaß ein eigenes Pferd, mit dem sie gerne ausritt. Dabei begleitete sie häufig ihr Reitknecht, ein toller Kerl, voll Kraft und auch voller Dummheiten. Die Pferde behandelte er ziemlich roh, aber das machte der Gräfin nichts; ging sie doch mit ihren Mägden und Knechten innerhalb des Hauses ebenfalls ungeduldig, geizig und bitterböse um. Unter ihrer Dienerschaft durfte nur der Reitknecht alles machen was er wollte. Denn er gefiel ihr sehr, und sie war heimlich verliebt in ihn. Als adelige Dame musste sie aber ihr Verhältnis zu ihm verborgen halten. Nur manchmal durfte er nachts in ihr Zimmer schleichen.

Vor der Gesellschaft spielte die Gräfin hingegen die Rolle einer besonders frommen Frau: Regelmäßig eilte sie in die Kirche, um sich dort bei den Gottesdiensten sehen zu lassen. In ihrem Palast hatte sie sich eine kleine Kapelle eingerichtet, für die sie eine wunderschöne Mutter-Gottes-Statue mit dem Jesuskindlein erwerben konnte. In Wirklichkeit aber glaubte sie nur an sich selbst, an ihre schönen Kleider und an ihren kostbaren Schmuck. Stundenlang konnte sie ihre Kleider probieren und die dazu passenden Halsketten aussuchen. Dabei musste ihr immer das Mädchen helfen, denn sie war die jüngste und zarteste von allen Mägden und konnte sehr sanft mit Menschen und Dingen umgehen.

Eines Morgens durchdrang ein gellender Schrei den Palast: Die Gräfin wollte sich noch vor dem Ankleiden zum Spaß eine besonders wertvolle Perlenkette anlegen, doch die Schatulle war leer. Jemand hatte die schimmernden Perlen gestohlen! Sofort hatte die eitle Frau einen Verdacht: Als Diebin kam einzig und allein das Mädchen in Frage, nur sie hatte Zutritt zu ihren Privaträumen. „Natürlich", folgerte sie, "das hergelaufene Kind hat den wertvollen Schmuck entwendet. Das also ist der Dank, dass ich sie als Magd in mein Haus aufgenommen habe!" Zornig keifte sie laut ihre Wut hinaus.

Schon kam das gesamte Dienstpersonal erschrocken herbeigelaufen: Die Gräfin beschuldigte die jüngste Magd vor allen Anwesenden des Diebstahls. Alle schauten betreten, und das Mädchen fing bitterlich zu weinen an. Heiß und zugleich wieder kalt lief ihr der Angstschweiß über den Rücken; sie wusste genau, dass sie nie und niemals irgendetwas stehlen würde. Aber wie sollte sie sich gegen diese mächtige Frau wehren, kein Argument würde nützen. So war es auch. Zwar beteuerte das Mädchen seine Unschuld, doch die Gräfin ließ die Stadtwache rufen, um sie ins Gefängnis abführen zu lassen.

Diese Gefäße aus Ton sind 500 bis 700 Jahre alt, und wurden beim Essen und zum Kochen verwendet: Krug, Dreifuß-Schüssel und Aquamanile. Das Aquamanile wurde durch eine Öffnung am Kopf mit Wasser gefüllt.

Da lief das Mädchen in seiner Verzweiflung in die Hauskapelle und warf sich vor der Mutter-Gottes-Statue nieder. Vor lauter Aufregung konnte sie kaum sprechen – durch diese schreckliche Verleumdung war sie wie gelähmt. Ein alter Ruf aus einem Lied fiel ihr ein, den sie einmal gehört hatte. So stammelte sie: „Maria … Gottes-Mutter, reine Magd … all meine Not sei dir geklagt! Maria hilf!" Da vernahm sie bereits die schweren Stiefel der Wache auf den Treppen, und sie musste zum Verhör gehen.

Der Leutnant der Wache verlangte vorerst einen Bericht der Gräfin und betrachtete dann das verdächtige Mädchen. „Nein", sprach er, „ich verhafte sie noch nicht. Ich brauche zuerst Beweise!" Er ordnete eine peinlich genaue Hausdurchsuchung an: Seine Kollegen schauten in alle Kästen und Kommoden. Sie leerten alle Holzkoffer, in denen die Dienstboten ihre wenigen Habseligkeiten verwahrten – die Perlenkette blieb verschwunden.

Die Gräfin drängte weiter auf die Abführung des Mädchens. Aber der Leutnant gab nicht auf und befahl, dass in allen Nebengebäuden ebenfalls nachgeschaut werden müsse. Im Reitstall wurden die Wachen endlich fündig: Im Koffer des Reitknechts lag zuunterst die kostbare Perlenschnur. Der Liebling der Gräfin hatte sie gestohlen! Der

Reitknecht war überführt, gestand sofort den Diebstahl und musste den Wachen folgen. Da haderte die Gräfin mit dem Mutter-Gottesbild. Ihrer Meinung nach hätte die heilige Maria doch ausschließlich ihr allein als Besitzerin der Statue helfen sollen, nicht ihrer kleinen Dienerin! Die Gräfin wollte von nun an nichts mehr mit dieser Mutter-Gottes zu tun haben, und so kam die besondere Madonnenstatue in den Stephansdom.

Eine Magd serviert eine kleine Mahlzeit. Im Hintergrund bereitet eine andere Magd frische Speisen auf einem Tischherd zu. (Ausschnitt aus dem Altarbild Maria Geburt vom Meister des Schottenaltars. Museum im Schottenstift, Wien)

Wie ein Lauffeuer verbreitete sich unter den Wiener Mägden die Nachricht, eine von ihnen hätte durch die Fürbitte der heiligen Jungfrau Maria ihr Recht erhalten. Das kam einem Wunder gleich, denn die Dienstboten waren von ihren Herrschaften vollkommen abhängig. Die hilfreiche Mutter-Gottesstatue im Stephansdom erhielt nun großen Zulauf, ständig brannten drei Kerzen vor ihr. Bald wurde sie von den Kirchenbesuchern die Dienstboten-Mutter-Gottes genannt. Bis zum heutigen Tag steht diese freundliche Steinfigur im Stephansdom, und nach wie vor bleiben Menschen vor ihr stehen, um sich zu besinnen und im stillen Gebet zu bitten und zu danken.

stand.ort

Im Inneren des Stephansdoms, an der Ecke des südlichen Querschiffes.

was geschah wirklich?

Die schöne und lebensgroße Marienstatue im Stephansdom heißt wirklich Dienstboten-Mutter-Gottes. Diese Bezeichnung ist allerdings um einiges älter als die Sage, die den Namen nur zu erklären versucht. Die über 700 Jahre alte Steinfigur ist eng verbunden mit der Geschichte der Kirche von Sankt Stephan: Man nimmt an, sie stammt vom verschwundenen alten Marienaltar. Dort wurden früher ganz zeitig am Morgen Messen gefeiert, zu denen vor allem die Dienstboten kamen – die reichen Leute brauchten erst später aufzustehen.

Wahr ist sicherlich, dass besonders Dienstboten und ärmere Leute sich von diesem warmherzigen Madonna-Bildnis besonders angezogen fühlten, und ihm ihre Wünsche und Gebete anvertrauten. Die vielen Kerzen haben durch ihren Rauch die Dienstboten-Mutter-Gottes mit der Zeit schwarz eingefärbt.

sagenhaftes + wunderliches

Es wird auch erzählt, die Dienstboten-Mutter-Gottes habe einmal sogar gesprochen: Einige Zeit hatte man der Madonna und dem Jesuskindlein nach der damaligen Mode Kleider angezogen und goldene Kronen aufgesetzt. Doch Kaiser Josef II., dem ältesten Sohn von Maria Theresia, gefielen diese barocken Kostüme nicht, er befahl, dass sie abgenommen werden sollen. Da begann aber die Statue zu weinen und rief: „Kleidet mich nicht aus!" Dieses Wunder hörten viele Menschen; der Kaiser musste es akzeptieren.

Die Rosenbrosche der Dienstboten-Mutter-Gottes – die Rose konnte auch ein Symbol für die heilige Maria sein.

geschichte.spezial

Die Dienstboten-Mutter-Gottes stellt eines der frühesten, heute bekannten Andachtsbilder im Stephansdom dar. Manche Forscher nehmen an, dass sie in der Zeit um 1320, nach anderen Untersuchungen um 1280, entstanden ist. Die Skulptur besteht aus Sandstein und ist im Stil der „Schönen Madonnen" der Gotik gefertigt. Der sanfte Schwung ihres Körpers gibt ihr ein elegantes Aussehen; von ihrer ursprünglichen bunten Fassung sind nur mehr Reste erkennbar.

Das Kunstwerk zeigt die heilige Maria als liebende und gütige Mutter. Zärtlich hält sie ihr Kind im linken Arm, und der kleine Jesusknabe greift lächelnd zu der Rosen-Brosche an ihrem Umhang. Eine besondere Wirkung geht von diesem Bild aus, die zum Nachdenken anregt: Sollten wir Menschen nicht auch etwas liebevoller und behutsamer miteinander umgehen?

Viele hunderttausende Menschen sind schon vor dieser Gnadenstatue gestanden, oft unglücklich, ratlos, krank oder ausgebeutet wie die vielen Dienstmädchen von Wien. Sie haben beim Anblick der lieblichen Darstellung der Mutter-Gottes tröstliche Zuflucht gesucht, und oft unbewusst ihre heimliche Botschaft empfangen: Verzweifelt nicht, auch wenn ihr euch noch so schwach fühlt, und euch eure Situation noch so aussichtslos erscheint – es gibt immer einen Weg.

Die wunderbare Madonna gehört heute noch zu den am meisten aufgesuchten Andachtsstätten im Dom.

4

Seit der Stock-im-Eisen zum Schutz hinter eine Plexiglaswand verbannt wurde, bemerken ihn die Vorbeihastenden kaum. Der über 550 Jahre alte Holzstock ist voll mit Nägeln – wie mit einem Eisenpelz bedeckt. Er wird von einem Eisenband mit einem sagenhaften Schloss umfasst. Viele Rätsel und Sagen ranken sich um diesen benagelten Fichtenstock.

1, Stock-im-Eisen-Platz, Ecke Kärntner Straße

Der Stock-im-Eisen

Es war an einem lauen Sommertag. In einer kleinen Schlosserei in Wien ging es schon am Morgen ziemlich hitzig zu. Die Gesellen werkten an der heißen Glut, und die Stimmung war aufgeheizt. Der Lehrbub ärgerte sich: „Schon wieder ich! Warum gerade ich?" Sein Schreien half ihm nicht. Unter Androhung von Schlägen befahl ihm sein Meister, hinaus vor die Stadtmauer zu gehen, um vom Acker den dringend benötigten frischen Lehm zu holen.

Als der Lehrling, der noch ein Kind war, nach einem langen Fußmarsch endlich auf das Feld hinauskam, spielten dort ein paar Buben. Gerade begannen sie, mit seiner Lieblingsformel auszuzählen:
„Oanichi, boanichi,
siarichi, sairichi,
ripadi, bipadi,
Knoll."
Da war es um den Lehrbuben geschehen; er vergaß seine Arbeit und schloss sich den Umhertollenden an. Die Zeit verflog bei Spaß und Lachen, und als die Dämmerung begann, gingen die anderen Buben nach Hause. Allein zurückgeblieben, schaufelte er nun in der Lehmgrube, so schnell er nur konnte. Eine schaurige Abendstimmung machte sich breit: Blutrot ging die Sonne unter, und eine schreckliche Wolkenfratze segelte am Horizont dahin. Da warf der Bub schleunigst seine Schaufel in die Scheibtruhe, und trabte zur Stadt zurück.

Als der Schlosserbub vor dem Stadttor anlangte, war es bereits fest verschlossen. Ohne Sperrkreuzer ließ die Wache aber niemanden in die Stadt hinein. Woher sollte er eine Münze nehmen? Er besaß doch nichts außer den paar zerrissenen Kleidern am Leib! „Zum Teufel", jammerte er verzagt, „das hat mir gerade noch gefehlt … zum Teufel, so ein Blödsinn. Ich möchte des Teufels werden, wenn ich nur hinein könnte!" Ein paar zornige Tränen rannen ihm über die Wangen. „Warum weinst du denn?", hörte er plötzlich jemanden hinter sich mit heiserer Fistelstimme fragen. Voll Schreck drehte er sich um. Ein kleines Männchen, fast wie ein Kobold, stand vor ihm. Es trug ein schmutzig-rotes Sakko und schwarze Hosen. Besonders auffallend waren die drei immens langen Hahnenfedern auf seinem Hut.

Ein Ziernagel vom Stock-im-Eisen zeigt ein geflügeltes Teuferl mit geöffnetem Rachen. Sogar sein Fell ist angedeutet. (Zeichnung von Ortolf Harl)

Nun klagte der Bub der fremden Gestalt sein Leid, dass er kein Sperrkreuzerl habe und deshalb nicht in die Stadt könne; auch fürchte er sich vor den Ohrfeigen seines Meisters. „Hihihi!", kicherte darauf das Männchen, „Nuss auf d'Nacht! Nuss auf d'Nacht! Die tun weh! Aber schau', ich kann und ich will dir helfen. Ich bin der … nunja, darüber redet man nicht gerne! Kurzum, mein Angebot lautet: Ich schenke dir den Sperrkreuzer. Du wirst auch keine Schläge bekommen. Und übrigens … wirst du durch meine Macht zu einem berühmten Schlosser, der mühelos zu Reichtum und Ansehen gelangen wird! Einverstanden?"

Das waren tolle Aussichten für einen armen Buben und er fragte nach den Bedingungen. Ein kaum merkbares Zittern durchlief die riesigen Hahnenfedern, dann antwortete das Männchen: „Du musst mir nur versprechen, dass deine Seele mir gehört – auf ewig!" Da dachte der Bursche insgeheim: „Mit dem Teufel persönlich habe ich es also zu tun". Er zögerte. Erst nach einigem Nachdenken wagte er es, dem Teufel einen Handel vorzuschlagen: „Wenn ich mein ganzes Leben hindurch jeden Sonntag den Gottesdienst besuche, arbeitest du zwar für mich, hast aber das Recht auf mich verwirkt!" „Topp!", rief der Teufel, „die Wette gilt! Erst wenn du eine einzige Sonntagsmesse versäumt hast, bist du mein." Leichtsinnig willigte der Bursche ein, und da er weder lesen noch schreiben konnte, gab er dem Teufel als Pfand drei Tropfen von seinem Herzblut. Alles geschah wie es das Männchen vorausgesagt hatte: Mit einer nagelneuen Münze fand der Schlosserbub Einlass in die Stadt, der Meister empfing freundlich seinen Lehrling, lobte ihn und gab ihm sogar reichlichst zu essen.

Am nächsten Morgen erschien der Unheimliche in der Schlosserwerkstätte in einem roten Anzug, nach der allerneuesten Mode geschneidert. Der Lehrbub erkannte ihn trotzdem an den drei Hutfedern. Der sehr elegant wirkende Herr bestellte für einen besonderen Baum an einem bestimmten Ort in Wien ein Eisenband; dieses soll mit einem Schloss versehen werden, das – wenn einmal verschlossen – keine menschliche Hand mehr öffnen kann. Der Meister und seine Gesellen schüttelten den Kopf und lehnten den Auftrag ab. Da hetzte der Besucher die Handwerker auf: „Was seid ihr doch für Pfuscher und Patzer! Euer Lehrbub ist sicherlich tausend Mal geschickter als ihr." Solche Worte trafen den Meister wie einen giftigen Stachel. Er rief verärgert: „Wenn der Lehrling das Kunststück schafft, soll er augenblicklich Geselle werden!"

Gleich machte sich der Lehrbub am Amboss zu schaffen, rechnete er doch heimlich mit dem versprochenen Beistand aus der Hölle. Und wirklich: Nach einer knappen

Stunde hatte er bereits das breite Eisenband und das komplizierte Schloss fertig gestellt. Der Schlosserbub folgte nun dem rot gekleideten Mann zum besagten Baum, legte die Metallspange herum und hängte das Schloss daran. Der Geheimnisvolle versperrte selbst sorgsam das Schloss, steckte dann den Schlüssel in seine Rocktasche und verschwand. Seit jener Zeit heißt der Baum und der Platz Stock-im-Eisen.

Der Lehrbub wurde wie vereinbart von seinem Meister zum Gesellen befördert, und von der Schlosserzunft frei gesprochen. Wie es der Brauch verlangte, ging der Geselle auf Wanderschaft. Sein Weg führte ihn nach Nürnberg. Die deutsche Stadt war wegen ihrer schönen Produkte des Schlosserhandwerkes besonders berühmt, und bald fand er in einer Werkstätte einen Arbeitsplatz. Zuerst bestaunten die Nürnberger Gesellen seine Geschicklichkeit und sein rasantes Tempo – denn im Handumdrehen machte er herrliche Fenstergitter oder Schlösser. Doch nach kurzer Zeit ergriff sie blankes Entsetzen über sein übernatürliches Tun, und sein neuer Meister erkannte, dass bei seinen Arbeiten nicht alles mit rechten Dingen zugehen könne. Deshalb wollte er mit diesem unheimlichen Schlosser aus Wien nichts mehr zu tun haben und entließ ihn. So machte sich der Geselle auf den Rückweg.

Der heutige Stock-im-Eisen-Platz hatte immer eine wichtige Bedeutung für die Stadt. Im frühen Mittelalter befand sich hier der Umschlagplatz für Pferde, so dass er viele Jahrhunderte „Rossmarkt" hieß. Dann wurde der Platz nach dem neuen Wahrzeichen Stock-im-Eisen benannt. Dicht an der Häuserzeile steht der Stock-im-Eisen.

Nach Wien zurückgekommen, erfuhr er von einer Neuigkeit, die ihn besonders interessierte. Der Rat der Stadt Wien hatte während seiner Abwesenheit eine Belohnung ausgesetzt: Wenn ein Schlosser es schaffe, das kunstvolle Schloss am Stock-im-Eisen aufzusperren, erhält er das Bürger- und Meisterrecht. Viele hätten es schon versucht, aber bisher ist es noch niemandem gelungen. Der Rat ist sehr erzürnt, dass ein

Unbekannter den passenden Schlüssel mitgenommen hat, und seither jede Spur von ihm fehle – so erzählten es die Leute auf der Gasse.

Auf diese Gelegenheit hatte der Schlossergeselle nur gewartet. Sofort meldete er der Obrigkeit, er könne dieses Kunststück vollbringen. Er bereitete alles vor, um den speziellen Schlüssel anzufertigen. Doch dem roten Männchen war dieses Vorhaben gar nicht recht: Das Geheimnis des versperrten Baumschlosses sollte einzig und allein bei ihm, dem mächtigen Teufel, bleiben!

Ein Schlüssel aus dem Mittelalter mit dem Schlüsselbart am unteren Ende zum Sperren des Schlosses.

Wie ein Blitz fuhr daher das Männchen durch den Schornstein mitten in das Schmiedefeuer hinein, in dem gerade der Schlossergeselle den Schlüsselbart anschweißte. Schnell drehte der Böse – im Feuer sitzend – den Schlüsselbart um. Als der junge Geselle den Schlüssel herauszog, der Bart aber verkehrt angeschweißt war, ahnte er, dass der Teufel sein Spielchen mit ihm trieb. Darauf trickste er den Teufel aus und steckte den Schlüssel nun mit verkehrt angesetztem Bart hinein. Blind vor Geifer drehte das Männchen wieder den Schlüsselbart um, und der Schlosser zog nun endlich den richtig geformten Schlüssel aus der Esse.

Das gab ein großes Fest: Feierlich zogen der Rat und viele Wiener und Wienerinnen zum Stock-im-Eisen. Der Schlossergeselle probierte vorsichtig den neuen Schlüssel aus – und das Schloss sprang auf! Noch auf der Stelle wurden ihm das Bürger- und Meisterrecht verliehen. Vor lauter Freude wusste der Schlosser gar nicht wie ihm geschah. Zur Erinnerung an dieses Ereignis schlug er einen besonders schönen Nagel in den Baumstamm. Den zauberischen Schlüssel warf er voll Übermut hoch in die Luft – zum Schrecken aller Anwesenden fiel er aber nicht mehr herunter.

Der Schlossermeister war nun ein berühmter Mann; jeder wollte nur in seiner Werkstätte arbeiten lassen. Seine Reichtümer vermehrten sich ständig, ohne dass er viel dazu tun musste. Eigentlich hätte er der glücklichste Mann von Wien sein können, wäre nicht der Teufelspakt gewesen, den er in seiner Lehrbubenzeit geschlossen hatte. Jeden Sonntag ging er deshalb zur heiligen Messe.

Doch so leicht verzichtet der Teufel nicht auf eine Menschenseele. Er versuchte ihn erneut bei seinem Leichtsinn zu packen. Der Schlossermeister war sehr stolz auf sich und seine Tüchtigkeit. Doch verfiel er immer mehr der Sucht des Alkohols und des

Würfelspiels. Wenn er im Wirtshaus mit Freunden bei den vollen Weinkannen saß, spürte er nicht mehr diese grässliche Leere in seinem Herzen.

Eines Sonntagmorgens becherte er wieder im Kreis seiner Freunde im Keller des Wirtshauses „Zum steinernen Kleeblatt" auf der Tuchlauben. Plötzlich durchdrang den Weindunst das Zehnuhrläuten von Sankt Stephan – die Glocken riefen zur Messe. Doch der Wirt schenkte gerade nach, und der Würfel ging rundum. Dem Schlossermeister fiel das Aufstehen schwer, denn alle riefen: „Du hast doch noch ein bisserl Zeit! Bleib noch bei uns und spiel mit uns!" Es schlug elf. Wieder hielten ihn die Männer zurück; als es aber schon knapp vor halb zwölf war, riss sich der Schlosser von der lärmenden Gesellschaft los, und stürzte voll Angst auf die Straße.

Er hastete zur Stephanskirche. Seltsamerweise sah er keine Menschen weit und breit. Lediglich am Petersplatz saß ein altes Mütterchen. Im Laufschritt fragte er sie, ob denn die letzte Messe schon aus sei? Sie antwortete, es sei doch längst zwölf Uhr vorbei. Das aber war eine gemeine Lüge der Alten, die eine verkleidete Hexe war und im Auftrag des Teufels den Schlosser täuschen sollte. In Wirklichkeit war es erst halb zwölf Uhr, und der Schlosser hätte noch Zeit genug gehabt, den kirchlichen Schlusssegen zu empfangen. Aber er war wie blind vor Panik und glaubte der Frau. Verzweifelt schluchzte er: „Himmlischer Vater, jetzt habe ich meine Seligkeit verloren". Statt zur Stephanskirche rannte er wieder in das Wirtshaus.

Im Weinkeller riss er seine silbernen Knöpfe von der Weste herunter, und verschenkte sie seinen Freunden mit der Bitte, doch immer an ihn zu denken. Dann schlug es zwölf Uhr. Mit dem letzten Glockenton stand das rote Männchen oben bei der Tür, und rief mit schaurig-heiserer Stimme zum Schlossermeister hinunter: „Hörst du denn das Zwölfuhrläuten nicht?" Da verlor der Schlosser vor Entsetzen fast den Verstand. Er stolperte die Treppen hinauf und folgte wie unter magischem Zwang der roten Gestalt neben sich, die bei jedem Schritt größer und immer größer wurde. Auf dem Stephansfriedhof stapfte bereits ein roter Riese neben ihm. Die beiden kamen beim Kirchentor von Sankt Stephan vorbei – gerade in diesem Moment erklärte der Pfarrer die Messe für beendet.

Plötzlich wuchsen aus dem Kopf des mächtigen roten Leibes kohlschwarze Hörner, seine Hände verwandelten sich zu gefährlichen Klauen. Dieses Ungeheuer packte den schlotternden Meister und flog mit ihm triumphierend in die brausenden Lüfte. Am Abend fanden Leute den zerfetzten Leib des Schlossers am Gerichtsplatz, dem Rabenstein, liegen.

Zur Erinnerung an dieses traurige Geschehen schlug nun jeder Schlossergeselle, der auf seiner Wanderschaft, der Walz, nach Wien kam, einen Nagel in den Baumstock. Damit wurde der Stock-im-Eisen zu einem Wahrzeichen Wiens.

stand.ort
1, Stock-im-Eisen-Platz, Ecke Kärntner Straße, Equitablepalais

was geschah wirklich?

Dieser geheimnisvolle Stock-im-Eisen ist etwas Besonderes: Wie hätte er sonst als Baumpfahl über 500 Jahre lang an diesem Platz alle Wirren der Zeit überdauern können? Er stammt von einer auffallenden Fichte: Sie besaß zwei Kronen – die Gabelung der beiden Stämme blieb erhalten, und ist noch heute deutlich erkennbar. Ein anderes seltenes Merkmal ging jedoch vor ungefähr 550 Jahren bei ihrer Schlägerung verloren. Am unteren Teil des Stammes wies sie mit ziemlicher Sicherheit ein Kreuzzeichen auf, gebildet durch natürliche Wulstbildungen.

Während der wissenschaftlichen Untersuchungen wurde dieses Foto vom Stock-im-Eisen gemacht.

Der Holzstock ist heute an seiner Vorderseite voll mit Nägeln beschlagen. Ein eisernes Band, das mit einem Schloss zusammengehalten wird, umgibt ihn. Die ursprüngliche Bedeutung dieses geheimnisvollen Baumstocks geriet bereits vor über 400 Jahren in Vergessenheit. Die Menschen erzählten sich daher eine sagenhafte Deutung des absolut „unaufsperrbaren Schlosses", das ein Teufelsschlosser angefertigt haben soll. Schon zur damaligen Zeit steckten in diesem Stock einige handgeschmiedete Nägel.

Im Jahr 1575 ließ der Eisner (Eisenkrämer) und Hausbesitzer Hans Buettinger diese heute noch vorhandene Metallspange mit den Anfangsbuchstaben seines Namens und ein Schloss am Stock-im-Eisen anbringen.

Vor ungefähr 300 Jahren erwählten sich daraufhin die Schlosser nachweislich den Stock-im-Eisen zu ihrem Zunft-Wahrzeichen. Es wurde Brauch, dass jeder Schlossergeselle, der auf seiner Wanderschaft in Wien Aufenthalt nahm, einen Glücksnagel in dieses Wahrzeichen geschlagen hat – heute überzieht den Stock-im-Eisen aus diesem Grund ein richtiggehender Metallpelz.

Der Standort des Stock-im-Eisen ist sehr prominent, steht er doch in der Mitte des heutigen 1. Wiener Gemeindebezirkes, in der Mitte des ehemaligen alten Wiens. Schon vor ungefähr 350 Jahren berichteten alte Schriften, dass Einheimische wie Gäste diesen Stock-im-Eisen für den Mittelpunkt der Stadt hielten – als den Nabel von Wien.

sagenhaftes + wunderliches

Sagen und Märchen über kosmische Bäume gibt es bei vielen Völkern und Religionen der Menschenfamilie unseres Planeten. Ein Baum kann sehr mächtig werden – und uralt. Tausendjährige Eichen und Linden sind vereinzelt auch heute noch zu finden, der älteste lebende Baum von Wien ist eine Eibe. Sie soll schon zur Römerzeit an dem Platz gestanden sein, ist aber leider nicht zugänglich (Wien 1, Rennweg 12, Garagenhof).

Bräuche weisen auch oft auf eine innige Verbundenheit zwischen Mensch und Baum: Eltern pflanzten früher bei der Geburt ihres Kindes gerne ein Bäumchen – einen Lebensbaum. Hingegen stellt unser Christbaum, der mit Gaben reich behängt ist, eigentlich eine Art Paradiesbaum dar. Die Baumvorstellungen der Menschen sind vielgestaltig, so gibt es Weisheitsbäume, Orakelbäume oder Gerichtsbäume, um nur einige zu nennen.

Eine Besonderheit stellen aber Bäume dar, in die ein Nagel hineingeschlagen wurde. Mythen und Geschichten über genagelte Bäume haben sich nur aus dem Norden von Europa und Asien erhalten. In diesen sehr alten Vorstellungen steht der Baum als Sinnbild für die Erdachse, um die sich unser Planet ständig dreht. Denn die Erde zieht nicht nur ihre Bahn um die Sonne, sondern rotiert gleichzeitig um ihre eigene Körperachse. Daher scheinen für uns als Himmelsbetrachter die Gestirne zu wandern: Sie gehen im Osten auf und im Westen wieder unter.

Fast genau in der Verlängerung der Erdachse steht der Polarstern. Um diesen bewegen sich aufgrund der täglichen Drehung der Erde alle Sterne am Himmel. Nur er glänzt zu jeder Zeit des Jahres, in jeder Nachtstunde an der gleichen Stelle – er ist wie „festgenagelt" am Firmament. Der Polarstern gab seit jeher den Menschen eine genaue und verlässliche Orientierung, was zum Überleben wichtig war. Auch die Ägypter richteten sich bei ihrem Pyramidenbau nach dem Polarstern, der den Nordpol des Himmels markiert.

Die Finnen nannten den Polarstern auch Nagelstern, und die Inuits formulierten sehr poetisch, dass ein Himmelsnagel die Erde mit dem Polarstern verbinde. So standen früher benagelte Holzpfähle in vielen Bauernhöfen im Norden Europas und Asiens. Ein Birkenstamm diente als Symbol für die Weltachse, in die ein Nagel als Zeichen für den Polarstern hineingetrieben wurde. Wichtig war bei diesem Sinnbild für die Menschen, dass der Nagel auch wirklich fest im Stock saß. Zu heiligen Zeiten wurden daher diese Nägel von den Bewohnern immer wieder symbolisch hineingeschlagen.

geschichte.spezial

Seit dem Jahr 1974 steht der Stock-im-Eisen unter Denkmalschutz. Damals unterzog man ihn einer gründlichen Restaurierung und einer genauen wissenschaftlichen Begutachtung. Mit Hilfe der Radiokohlenstoffmethode, der so genannten C-14-Untersuchung, konnte das Alter des Stockes bestimmt werden: Der Baum wurde in der Zeit um 1440 ± 70 gefällt.

Holzbiologische Untersuchungen ergaben, dass es sich um eine Zwieselfichte – mit zwei Kronen – und vermutlich auch um eine Kreuzfichte handelte. Eine Probe aus dem oberen Teil des Holzes wies 27 Jahresringe auf, doch stellt das nur eine gewisse Angabe für ein Mindestalter des lebenden Baumes dar, es müssten fünf, zehn oder möglicherweise zwanzig Jahre dazugezählt werden.

Die Wissenschaftler stießen bei der Erforschung des Stock-im-Eisen noch auf weitere Besonderheiten: Es wurden bereits in die lebende Fichte einzelne Nägel eingeschlagen, und alljährlich wurde im Juni oder Anfang Juli ein Baumbeschneiden an ihr durchgeführt.

In der Mitte des Stockes ist eine starke Einkerbung durch alte Axthiebe zu sehen. Besonders dicke Eisenbänder halten den Stock zusammen.

Der Stock-im-Eisen weist eine Gesamthöhe von 219 cm auf, wiegt 75 kg und ist nur auf der Vorderseite benagelt – er besitzt also eine Schauseite. Die Röntgenaufnahmen zeigten, dass bereits die lebende Fichte benagelt wurde. Die meisten Nägel kamen jedoch später in das Holz hinein. Neben handgeschmiedeten Nägeln befinden sich auch Drahtstifte aus dem 19. Jahrhundert sowie auffallende Objekte wie Ziernägel, Plättchen oder Münzen im Stock. Sogar die beim U-Bahnbau beschäftigten Arbeiter schlugen noch bis vor kurzem Nägel ein.

wo gibt es noch etwas zu sehen?
8, Wickenburggasse 1, vor dem Innungshaus der Schlosser
Der nachgebildete Stock-im-Eisen wurde im Jahre 1988 anlässlich der großen Feier „700 Jahre Schlosser in Wien" aufgestellt. Jeder Geselle oder Meister darf nach bestandener Prüfung einen Nagel in den Stamm schlagen.

SCHOTTENTOR-VIERTEL

sagen.weg

 ausgangs.punkt
1, Schottengasse 3, Mölkersteig

end.punkt
1, Franz-Josefs-Kai, U-Bahnstation Schottenring, Ringturm

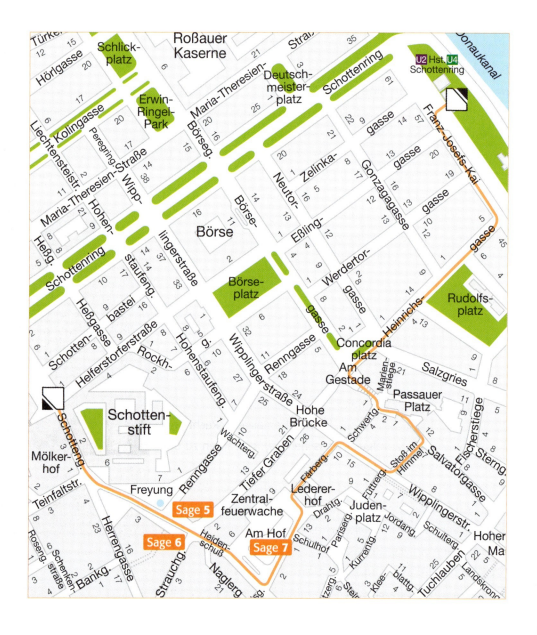

SCHOTTENTOR-VIERTEL | sagen.weg

Das Stadtviertel hat seine Bezeichnung nach dem Schottenstift erhalten. Der Versammlungsort des Schottentor-Viertels war der Platz „Am Hof". Dieser große viereckige Platz lag eigentlich im Widmer-Viertel, doch seine günstige, schnell erreichbare Lage dürfte die Wahl bestimmt haben. Das turmbewehrte Schottentor stand als Teil der mittelalterlichen Ringmauer zwischen den heutigen Ecken Schottengasse 2, Helfersdorferstraße 2 und Schottengasse 3, Mölkersteig. Der Schottenturm blieb weiter bestehen, nachdem die neue Festungsmauer mit den Basteien vorgebaut worden war. Im Jahr 1716 wurde er in ein Wohnhaus umgewandelt, das aber in der Biedermeierzeit abgerissen wurde.

Schottengasse

Nr. 3–3A Melkerhof: Eine Gedenktafel erinnert daran, dass sich hier einst der Schottenturm befand. Eine Sage erzählt, dass einmal ein fauler Pförtner im Schottentor seinen Dienst nicht ordentlich versehen hätte: Der Pförtner wollte nämlich nach Torschluss nicht mehr öffnen, obwohl eine alte Frau in klirrender Kälte um Einlass bat. Eine Spinne bemächtigte sich daraufhin des Schlüssels, und der Pförtner verlor am Ende seinen Posten.

In der Melkerhofkapelle befindet sich das älteste Kruzifix von Wien – eine Darstellung des gekreuzigten Christus. Es befand sich früher in der Ruprechtskirche (siehe sagen.weg Stubentor-Viertel).

Nr. 1: Ein roter Handschuh als Gewerbezeichen für die Handschuhmacher und ein „Barbierbecken" in Form einer Messingscheibe für die Friseure.

Freyung

Seit ungefähr 200 Jahren heißt dieser dreieckige Platz Freyung. Der Name leitet sich von dem ehemaligen Recht des Schottenstiftes ab, verfolgten Menschen Asyl gewähren zu dürfen. Das Schottenstift bekam im Jahre 1181 die niedere Gerichtsbarkeit zugesprochen und konnte daher bei kleineren Vergehen selbst Recht sprechen. Beim Spazieren auf der Freyung gibt es stückweise mittelalterliches Straßenpflaster zu entdecken, das aus der Zeit um 1200 stammt.

Nr. 6 Schottenkirche und Schottenstift: In diesem ältesten Kloster Wiens befindet sich auch die älteste Gnadenstatue

Die älteste Gnadenstatue von Wien „Unsere Liebe Frau von den Schotten" stammt aus der Zeit um 1240. Sie steht heute in der romanischen Kapelle der Schottenkirche.

sagen.weg | SCHOTTENTOR-VIERTEL

„Unsere Liebe Frau von den Schotten". Das Kloster wurde im Jahr 1155 von dem ersten Herzog von Österreich, Heinrich II. Jasomirgott, etwa 400 Schritte außerhalb des ältesten Wien gegründet. Der ebenfalls in jener Zeit neu gebaute Hof des Herzogs lag allerdings innerhalb der Mauern, am heutigen Platz „Am Hof". Wo heute der „Heidenschuß" ist, war ein Tor zum befestigten Herzogshof eingelassen.

Heinrich II. Jasomirgott holte irische Mönche nach Wien, die „Schottenmönche" genannt wurden. In der Krypta der Kirche befindet sich das geheimnisvoll gestaltete Grabmal des Stifters. An der äußeren Seitenfront der Kirche ist eine Figurengruppe mit Heinrich II. Jasomirgott zu sehen: Der Herzog gibt seine Zustimmung zum Kirchenbau. Hier befand sich ursprünglich der Haupteingang zur Kirche, der dann später verlegt wurde. Zwei kleine Löwen bewachten damals das alte Portal, damit das Böse nicht in die Kirche hinein kann. Einer von ihnen steckt noch, aber vollkommen vermauert, in dieser Wand.

Das Stiftergrab von Heinrich II. Jasomirgott befindet sich in der Krypta.

Eine Sage berichtet von einer „Weißen Frau", die immer vor dem nahenden Tod eines Schottenmönches erschienen sein soll. Das Museum im Schottenstift zeigt viele Bilder aus dem alten Wien und ist sehenswert.

Freyung

Nr. 2 Palais Ferstel: Den Innenhof – schon mehr bei der Herrengasse – ziert der Donaunixenbrunnen. Nixen, Fischer und Wasservögel tummeln sich am Brunnen, die Bekrönung bildet eine schöne Nixe mit Fisch.

Freyung, Tiefer Graben: Ehemaliges Haus „Zum roten Mandl" (siehe SAGE 5).

Strauchgasse

Nr. 1–3: Hauszeichen „Zum Heidenschuß". Dieser reitende Türke wurde erst einige Jahrzehnte nach 1683 – der 2. Belagerung Wiens durch die Osmanen – geschaffen. Vorher befand sich ein bogenschießender Reiter an dieser Ecke. Dieses Hauszeichen, das schon im Jahre 1365 existiert haben soll, wurde erst viel später mit einer Türkensage verbunden (siehe SAGE 6).

Am Hof

Heinrich II. Jasomirgott erwählte diesen Platz im Jahre 1156 zu seiner Residenz. Rund

SCHOTTENTOR-VIERTEL | sagen.weg

90 Jahre lang hielten die Herzöge aus dem Geschlecht der Babenberger hier Hof. Die Anlage des Herzogshofs umfasste mehrere Gebäude und war von einer Burgmauer umschlossen. Das Haus des Herzogs stand dort, wo sich heute die Kirche „Am Hof" befindet. Von der Herzogsburg blieb kein Stein erhalten (siehe SAGE 7).

Nr. 10 Ehemaliges bürgerliches Zeughaus: Die Bürger im alten Wien verwahrten die für die Verteidigung der Stadt notwendigen Waffen und Rüstungen in diesem Gebäude. Eine Sage behauptet, dass im Zeughaus vor Beginn eines jeden neuen Krieges Gespensterheere von den dort arbeitenden Aufsehern gesichtet worden wären. Mit scheppernden Rüstungen seien dann diese Geister wieder abgezogen. Heute sind die originalen Rüstungen aus dem Zeughaus im Historischen Museum der Stadt Wien am Karlsplatz zu sehen.

Färbergasse

Hier floss einst der Ottakringer Bach, den die flämischen Tuchfärber für ihr Handwerk nutzten.

Wipplingerstraße

Nr. 6–8 Altes Rathaus: Hier war von 1316 bis 1883 – also vom Mittelalter bis zur Ringstraßenzeit – der Sitz der Wiener Stadtverwaltung. Die Fassade ist prächtig geschmückt: Unter anderem ist ein über 550 Jahre altes Hauszeichen zu sehen: Ein Engel mit den Wappen von Wien und Österreich. Im Alten Rathaus befindet sich heute auch das Bezirksmuseum.

Der Wappenengel am Alten Rathaus

Stoß-im-Himmel

Nr. 3 Stoß-im-Himmel-Haus: Dieses Haus im ersten Bezirk gehörte vor ungefähr 500 Jahren Hans Stosanhimel. Nach ihm erhielt das Gebäude seinen ausgefallenen Namen. Eine Sage hingegen erzählt von einer eitlen Frau, die ein teuflisches Kleid von einer Hexe nicht mehr ausziehen konnte. Die Goldstickerei verwandelte sich in züngelnde Flammen. In ihrer Todesangst wurde sie durch ein Stoßgebet zu den Himmlischen errettet.

Der über 500 Jahre alte Inschriftstein über dem Eingangstor zeigt das Jesus-Monogramm „IHS", das auch als „Jesus, Heiland, Seligmacher" gedeutet wird.

Passauer Platz

Kirche Maria am Gestade: Sie lag früher im Verlauf der Stadtmauer am Steilabfall zur Donau. Im Jahre 1137 wurde sie bereits erwähnt. Vor 200 Jahren wollte man sie abreißen, doch konnte sie letztlich gerettet werden. Auffallend ist ihr siebeneckiger Turm, der sieben Geschoße aufweist und von einem zierlich durchbrochenen Turmhelm bekrönt ist. Die Zahl 7 weist eine besondere Bedeutung auf und hat die Menschen seit jeher fasziniert: Die 7 ist zusammengesetzt aus der geistigen 3 und der erdenhaften 4 (siehe sagen.weg Mitte von Wien). Die Siebenzahl tritt sehr häufig auf: Sieben Planeten kreisen in den Himmelsspähren, oder sieben Säulen der Weisheit sind an beiden Seiten des Riesentores am Stephansdom angebracht, oder sieben Schmerzen sowie sieben Freuden erlebte die heilige Jungfrau Maria.

Das Hauszeichen „Stoß-im-Himmel" mit einer lateinischen Umschrift, die übersetzt lautet „Im Namen Jesu beugt sich das Knie aller Himmlischen, Irdischen und Unterirdischen".

Nr. 5 Concordia-Hof: In Erinnerung an die Salzschiffer, die hier in der Nähe ihre kostbare Fracht abgeladen haben, schuf der Künstler Franz Barwig der Jüngere im Jahre 1958 ein modernes Hauszeichen.

Am Gestade

Zu diesem Platz führt eine Treppe hinunter, deren Name ständig geändert wurde. Vor 500 Jahren hieß sie Fischerstiege, da die Donaufischer hier vorbei zum Fischhof in die Stadt gingen. Gleich in der Nähe befindet sich heute die Gasse mit dem Namen „Fischerstiege". Dort stand sogar bis vor 200 Jahren noch das uralte Fischertor (siehe SAGE 16).

In der Mitte des Platzes steht der so genannte „Hannakenbrunnen". Er stellt die Geschichte eines Arztes dar, der auch „Hannakenkönig" genannt wurde. Er soll nachts den Vorbeigehenden Prügel vor die Füße geworfen haben, um mit der Behandlung der Verletzten viel Geld zu verdienen.

Nr. 7 Bürgerhaus: Im Innenhof befindet sich noch ein Teil der Ringmauer aus der Babenbergerzeit.

Salzgries

Schon zur Römerzeit bestand hier eine Uferstraße zwischen Lagermauer und dem schiffbaren Donauarm.

SCHOTTENTOR-VIERTEL | **sagen.weg**

Heinrichsgasse

Diese Gasse wurde erst im Jahre 1861 angelegt, nachdem die Stadtbefestigung niedergerissen worden war.

Donaukanal

Wegen seiner Stadtnähe kam diesem Arm der Donau besondere Bedeutung zu. Der Donaukanal war ein wichtiger Transportweg für Salz, Bausteine, Holz und viele andere Waren. Schon im Mittelalter wohnten beiderseits des Donaukanals Flößer, Schiffer, Fischer und weitere mit dem Wasser verbundene Bewohner (siehe SAGE 16).

5

Der dreieckige großzügige Platz Freyung wird von der Schottenkirche bestimmt. Früher wiesen die einzelnen Teile des Platzes noch eigene Bezeichnungen auf, wie „Auf dem Bühel" oder zur Strauchgasse hin „Auf dem Mist". Seit ungefähr 300 Jahren gilt der Name für den gesamten Platz.

Die Schottenkirche, Kupferstich nach Salomon Kleiner, 1724 (Historisches Museum der Stadt Wien)

Das rote Mandl

Der große Platz der Freyung galt im alten Wien als ein besonders heiliger Bezirk. Das Schottenkloster mit seiner Kirche bildete lediglich auf einer Seite den Abschluss. An den restlichen Rändern dieses geweihten Ortes konnten sich aber Stätten entwickeln, an denen es ziemlich „unheilig" zuging. Mehr südlich lag ein Grundstück, das den Namen „Auf dem Mist" erhalten hatte. Dorthin brachten die Leute ihr gesamtes Gerümpel und luden es einfach innerhalb der Stadtmauern ab.

Gegenüber vom Mistplatz erhob sich auf der anderen Randlage das Gelände zu einem kleinen Hügel, der deshalb die Bezeichnung „Auf dem Bühel" trug. Dort hatte ein findiger Wirt in einem Kellergewölbe eine gemütliche Gaststube eingerichtet, in der es immer sagenhaft lustig zugegangen sein soll. Vor allem Studenten und Künstler trafen gerne in diesem Lokal zusammen, unterhielten sich über Malerei und Wissenschaft, aber auch über schwarze Magie und Zauberei.

Doktor Johannes Faust als Schwarzkünstler und magischer Teufelsbeschwörer

Als eines Abends plötzlich völlig unerwartet der berühmte Doktor Johannes Faust die Treppe herunter kam, wurde er von der versammelten Gesellschaft mit tosendem Applaus begrüßt und bejubelt. Niemand beherrschte die Kunst der Zauberei und Geisterbeschwörung so perfekt wie er. Viele Städte hatte Faust schon bereist, nun war er endlich in Wien zu Besuch. Sogleich wurden Stimmen laut, er möge in der Wirtsstube etwas Spannendes vorführen.

Doch Doktor Faust zog seinen Schlapphut vom Kopf und winkte nur freundlich in die Runde. Dann nahm er auf einem Sessel Platz und ließ die Gäste warten. Sofort eilte der junge Schankbursch herbei, bei dem er einen Wein bestellte. Der Bursche war ziemlich aufgeregt und füllte den Becher randvoll mit Wein, der beim Servieren etwas überschwappte – eine kleine Lache bildete sich auf der Tischfläche. Da sagte Faust: „Wenn du mir noch einmal so viel des Weines verschüttest, fress ich dich mit Haut und Haar!"

Über diese Worte ärgerte sich der Schankbursche; er nahm aber die Drohung nicht ernst. Als er dem Doktor Faust wieder nachschenkte, goss er absichtlich zu viel Wein in den Becher, so dass die Tischplatte überschwemmt wurde. Da sperrte Faust den Mund weit auf – und der Schankknecht verschwand! Anschließend packte Faust einen Wasserkübel, der immer zum Feuerlöschen bereit stand, und leerte ihn mit einem gewaltigen Zug aus.

Entsetzen ergriff die Anwesenden. Nach einer Schrecksekunde sank der Wirt in die Knie und bat den Doktor inständig, er möge ihm doch wieder den Burschen zurückgeben, denn ohne ihn könne er nicht sein. Da antwortete Faust vollkommen ruhig und gelassen: „Mach die Tür auf und schau zur Stiege!" Und wirklich, ganz oben beim Eingang saß der arme Bursche, das Löschwasser rann an seinen Kleidern herunter. Er zitterte am ganzen Körper und klapperte mit den Zähnen. Zornig rief er zu Doktor Faust in die Gaststube hinunter: „Mit euch möchte ich nichts mehr zu tun haben. Ihr seid mit dem Teufel im Bunde!" Eilends verließ der Schankbursche das Haus.

„Teufel hin, Teufel her," sprach Doktor Faust, „jeder hüte sich, mir so einzuschenken!" Die Männer in der Runde schauten ziemlich betroffen. Doch bald machte sich wieder eine neugierige Stimmung breit: Sie begannen über den „Gottseibeiuns" – so umschrieben sie den Teufel, um ihn nicht bei seinem Namen nennen zu müssen – zu diskutieren. Jedoch so vorsichtig sie ihre Gespräche begonnen hatten, desto hitziger und lauter wurden sie, als es bereits der Mitternachtsstunde zuging.

Plötzlich stand der Geometer und Kupferstecher Augustin Hirschvogel auf und verkündete vor der Versammlung, dass er jetzt den Teufel an die Wand malen werde. Alle lachten laut auf und Hirschvogel holte ein Stück Holzkohle von der Feuerstelle aus der Küche. Gekonnt zeichnete er nun auf der gekalkten weißen Wand einen schlanken jungen Mann: Dieser war äußerst elegant gekleidet, und ein Mantel umflatterte seine Gestalt wie Drachenflügel. Auf seinem Kopf trug er ein keckes Hütchen mit einer langen Hahnenfeder. Zum Abschluss malte Hirschvogel der Gestalt ein böse grinsendes Gesicht mit herausgestreckter Zunge.

Als die Figur vollendet war, stand Doktor Johannes Faust auf. Mit fester Stimme sprach er: „So, jetzt seht ihr den Teufel an der Wand – ich will ihn euch aber lebendig zeigen!" Abrupt verdunkelte sich der Raum, und wie von Geisterhand bewegte sich plötzlich die Zeichnung an der Wand. Die Kleider des Mannes wechselten allmählich

SCHOTTENTOR-VIERTEL | daten & fakten

die Farbe von Weiß zu Schmutzig-Rot, die Augen des schrecklich blassen Angesichts leuchteten immer stärker wie höllisches Feuer. Plötzlich erklang ein donnerähnliches Getöse, und die entsetzliche rote Gestalt sprang mitten unter die Gäste.

Da schrien alle vor Angst, Panik machte sich breit. Die Männer stürzten zur Treppe, um schnell diesen Keller des Grauens zu verlassen. Für Doktor Faust aber bedeutete alles einen Riesenspaß. Mit schallender Stimme rief er den Flüchtenden nach: „Man soll den Teufel nicht an die Wand malen!"

Nach diesem unheimlichen Zauberkunststück verließ Doktor Johannes Faust bald wieder die Stadt Wien. Die Gaststube im Kellergewölbe hieß von nun an nicht mehr „Am Bühel zum Tiefen Graben", sondern erhielt ein neues Schild mit der Bezeichnung „Zum rothen Mandl". Die bekannte Redewendung „Man soll den Teufel nicht an die Wand malen" stammt von dieser Begebenheit, die sich im Jahr 1538 zugetragen haben soll – zumindest wird es so erzählt.

Im Zentrum der Ansicht steht das schmale, fünfstöckige Haus „Zum Heiligen Geist". Links davon geht es in den Tiefen Graben, an dessen Ecke das Haus „Zum roten Mandl" abgebildet ist. (Blick auf die Freyung, von Balthasar Wigand, um 1825)

stand.ort
1, Freyung, Ecke Tiefer Graben

was geschah wirklich?
Bis in das Jahr 1836 befand sich an dieser Stelle der Freyung auf einem alten Haus ein Geschäftsschild mit der Bezeichnung „Zum rothen Mandl", das einen ganz in Rot gehaltenen, schaurig aussehenden Mann – ein rotes Mandl – zeigte. Die Sage verbindet diese Darstellung des Schildes mit der damals sehr beliebten Geschichte einer Teufelsbeschwörung durch Doktor Faust.

Dieser Mann mit dem Schlapphut lebte wirklich vor ungefähr 500 Jahren: Es war der deutsche Arzt Georg Faust, der sich aber Doktor Johannes Faust nannte. Er wurde schon zu seinen Lebzeiten durch seine magischen Zauberkunststücke sehr berühmt und als Schwarzkünstler bezeichnet. Ob er aber der Stadt Wien einen Besuch abgestattet hat, ist äußerst fraglich.

Augustin Hirschvogel hingegen arbeitete für die Stadt Wien – ein genialer Zeichner, Erfinder und Vermesser. Faust und Hirschvogel sind sich wahrscheinlich sogar begegnet, allerdings nicht in Wien, sondern in einer deutschen Stadt. Hirschvogel kam nämlich erst zu einem Zeitpunkt nach Wien, als Faust bereits einige Jahre tot war.

sagenhaftes + wunderliches

Doktor Johannes Faust (geboren um 1480, gestorben vor 1540) beschäftigte sich nicht nur mit Medizin, sondern auch mit Astrologie und Magie. Berühmtheit erlangte er durch seine Geister- und Teufelsbeschwörungen. Noch während er lebte, entstanden viele Zaubersagen über ihn. Viele Universitätsstädte verweigerten ihm deswegen die Einreise.

Über den angeblichen Besuch von Doktor Faust im Jahre 1538 in Wien wird noch eine andere wunderliche Sage erzählt: Faust habe sich bereits vor seiner Ankunft ein Haus in Form eines Triangels bauen lassen, in dem er später auch wohnte. Dieses „Doktor-Faust-Haus" soll sich im heutigen 2. Bezirk in der Floßgasse 7 befunden haben – dafür gibt es aber keinen Beweis.

Viel wurde über die unwahrscheinlichen Künste von Doktor Faust gerätselt. Manche Menschen vermuteten, er hätte mit dem teuflischen Mephistopheles einen Pakt geschlossen. Demnach erfüllt sich zwar sofort jeder Wunsch, den Faust ausspricht – aber nach 24 Jahren verfällt seine Seele dem Teufel.

Bereits 50 Jahre nach dem Tod von Faust erschien ein dickes Buch, in dem alle sagenhaften Geschichten über ihn nachzulesen waren. Viele Dichter verarbeiteten die Mythen über diese schillernde Gestalt zu Theaterstücken. Die weltweit bekannteste Tragödie über Faust schrieb der Dichter Johann Wolfgang von Goethe.

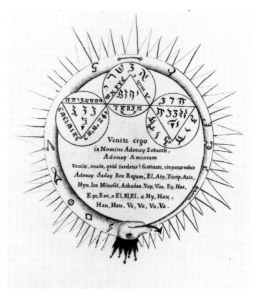

Dieser Zauberkreis stammt aus einem Faustbuch: Die Schlange beißt sich in den eigenen Schwanz, sie besitzt daher keinen Anfang und kein Ende. Schlangen wurden bei Beschwörungen gerne angerufen. Der Zauberer erhoffte sich von ihnen Unterstützung. Leben doch Schlangen unter der Erde, und man vermutete daher, dass sie zu den unterirdischen Mächten der Allwissenheit Verbindung haben.

SCHOTTENTOR-VIERTEL | daten & fakten

geschichte.spezial

In der Sage wird noch eine andere sehr interessante Persönlichkeit namentlich erwähnt: Augustin Hirschvogel (geboren 1503, gestorben 1553). Er stammte wie Faust aus Deutschland, war aber etwa um 20 Jahre jünger. Weil er viele Künste beherrschte, wurde er aus Nürnberg nach Wien berufen. Er konnte nicht nur hervorragend zeichnen, sondern erfand auch Geräte für ein genaues Vermessungswesen. Von ihm stammt aus dem Jahr 1547 der berühmte Rundplan von Wien, dem erstmals eine exakte Vermessung zu Grunde lag.

Instrumentenkästchen des Augustin Hirschvogel. Der Gelehrte, Künstler und Geometer hat auch ein Blatt mit seinem Selbstbildnis beigefügt. Die Gelehrtensprache war damals Latein, und so fügte er den Spruch hinzu: CIRCULUS MENSURAT OMNIA – Der Zirkel misst alles. (Historisches Museum der Stadt Wien)

wo gibt es noch etwas zu sehen?

4, Historisches Museum der Stadt Wien am Karlsplatz

In der ständigen Schausammlung ist der berühmte Plan von Wien, den Augustin Hirschvogel auf eine runde Holztafel gezeichnet und gemalt hat, ausgestellt. Auch kann dort ein Teil der von ihm erfundenen Messinstrumente zur geometrischen Aufnahme der Stadt bewundert werden.

6

Kühn sprengt der Reiter auf seinem Pferd dahin und schwingt seinen Krummsäbel. Über dieses Hauszeichen haben sich die Wiener und die Osmanen Sagen sowie Wundergeschichten erzählt, die sich im Jahre 1529 an dieser Stelle zugetragen haben sollen.

1, Strauchgasse 1–3, Ecke Heidenschuß

Der Heidenschuß

Es geschah in jenem denkwürdigen Jahr 1529: Im Frühjahr war Sultan Süleyman II., genannt der Große, mit seinem osmanischen Heer vom fernen Istanbul aufgebrochen, um das Land Ungarn vollkommen zu unterwerfen und es seinem riesigen Reich anzuschließen. Von dort war es nicht mehr weit nach Wien.

Wochenlang wälzte sich der Zug der Krieger gegen Westen. Wenn die Männer dann ihre Zelte für eine kurze Rast aufschlugen, vertrieben sie sich gerne ihre Sorgen am Abend beim Lagerfeuer mit Wundergeschichten, von denen auch so manche von der Stadt Wien handelte. Sie erzählten über den prächtigen Stephansdom, der in der Mitte dieser Stadt wie ein Berg aus Licht gegen den Himmel ragt. Und sie sprachen auch von dem lang gehegten Wunsch ihres Sultans, auf diesem höchsten Turm von Wien einen goldglänzenden Halbmond und einen Stern als Bekrönung anbringen zu lassen.

Im September 1529 kam der sieggewohnte Sultan Süleyman mit seinen Truppen vor den Toren Wiens an. Die Bewohner der umliegenden Dörfer und Lucken – so hießen damals die Vorstädte – flüchteten voll Panik hinter die schützenden Stadtmauern. Nur das Allernotwendigste konnten sie in die Stadt mitnehmen. Nun ließen sich die Belagerer in einem großen Bogen rund um die Stadt nieder, stellten ihre Zelte auf und brachten die Kanonen in Stellung. Die Stadt Wien war eingeschlossen.

Ein erbitterter Kampf begann: Die Wiener wagten mit ihren geringen Truppen Ausfälle, mussten sich aber zurückziehen. Die Osmanen wiederum beschossen und stürmten die Stadtmauer, aber es gelang ihnen trotz aller Anstrengungen nicht, in die Stadt vorzudringen. Der Sultan war erbost darüber und zum Äußersten entschlossen: Wenn seine Soldaten die Stadtmauer über der Erde nicht durchbrechen können, dann sollen sie dieses Hindernis eben unter der Erde überwinden! Süleyman befahl daher seiner Spezialeinheit, unterirdische Gänge und Stollen zu graben, um auf diese Weise in die Stadt zu gelangen. Weiters sollten Minenöfen, gefüllt mit Sprengstoff, angelegt werden.

Dieses Zeichen bestand ursprünglich aus einer achtstrahligen Sonne, um die sich die Mondsichel drehte. Ungefähr zehn Jahre vor der Belagerung Wiens durch Sultan Süleyman kam der „Mondschein" auf die Spitze des Hohen Turms von Sankt Stephan. Im Jahr 1686 wurde er durch ein Kreuz ersetzt.
(Historisches Museum der Stadt Wien)

Ein Überläufer, der aus dem osmanischen Zeltlager in die Stadt geschlichen war, berichtete allerdings den bedrängten Wienern vom Plan des Sultans. Wie ein Lauffeuer verbreitete sich die Nachricht über die neue Gefahr. In allen Kellern der Häuser, die in der Nähe der Befestigungsmauer lagen, wurden daher Alarmgeräte aufgestellt: Mit Wasser gefüllte Bottiche oder Trommeln, auf denen Würfeln lagen, sollten jede geringste Bewegung unter der Erde anzeigen.

Seit dem Beginn der Belagerung waren fast drei Wochen vergangen: In der Stadt herrschte eine höchst angespannte Stimmung. Beim Kärntnertor hatte es schwere Minensprengungen, Sturmläufe und Beschießungen gegeben. Dann trat plötzlich Stille ein, die sich nach der vorherigen Hektik des Kampfes wie ein unheimlicher Schatten über die Stadt legte. Jeder, der nun konnte, nutzte an diesem Tag die unverhoffte Pause um sich auszuruhen. Lediglich in den Kellern des Bäckerhauses, das sich an einer Ecke auf der Freyung befand, wurde weiter unentwegt gearbeitet. Denn jeden Morgen brauchten die vielen Menschen in der Stadt ein Stück Brot um nicht zu verhungern.

Die Nacht war bereits hereingebrochen, und in dieser Bäckerei machte gerade der jüngste Geselle ganz allein seine Schicht. Einen Laib nach dem anderen schob er in den Backofen. Vor Erschöpfung fielen ihm ständig die Augen zu, und zwischendurch nickte er immer ein bisschen ein … und träumte … von seinem Strohsack zum Schlafen … von einem köstlichen Abendmahl … plötzlich fuhr er mit einem Ruck hoch. Hatte sich da nicht etwas bewegt? Da – er hatte sich nicht getäuscht! Die Würfel hüpften auf dem gespannten Trommelfell heftig auf und ab. Der Bäckergeselle erstarrte und wagte kaum sich umzudrehen, um auch die Wasserbottiche zu kontrollieren. Doch dann blinzelte er nach hinten: Auch das Wasser zeigte mit leichtem Gekräusel an, dass unter dem Boden etwas los war.

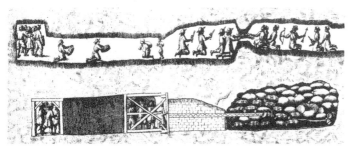
Der Minenkrieg unter der Erde

„Ich muss weg, sofort, mich verstecken hinter dem Mehlsack, nein … nichts wie weg!", schoss es ihm blitzartig durch den Kopf, „gleich kann ein Feind aus einem Erdloch auftauchen, und ich bin verloren!" Aber dann fasste er seinen ganzen Mut zusammen: „Nein, ich brauche Hilfe," sagte er fest zu sich selber und zauderte nicht mehr: „Ich muss die anderen warnen!" Schnell hastete er die steile Treppe hinauf, weckte seinen Meister sowie die anderen Gesellen. Atemlos teilte er ihnen seine Beobachtungen mit.

SCHOTTENTOR-VIERTEL | daten & fakten | 6

Rasch wurde alles abgesprochen und organisiert. Der Meister machte sich zum Stadtkommandanten auf, um Verstärkung zu holen. Die Gesellen blieben indessen im Keller zur Beobachtung. Einer von ihnen legte sein Ohr auf den Boden, sprang aber gleich wieder entsetzt und kreidebleich auf: Er hatte Stimmengemurmel gehört! Doch schon stürmten der Meister und die Soldaten die Treppen herunter, und augenblicklich begannen die Männer Gegenminen und Schächte zu graben. Immer näher kamen die wilden Rufe aus der Erde. Da packten die Bäckergesellen einen Bottich nach dem anderen und schütteten Wasser in die Erdgänge, so lange bis alles verstummt war.

Am nächsten Morgen bemerkten die Wachen auf der Stadtmauer, dass Sultan Süleyman seine Truppen eiligst zusammenrief, alle Zelte auf Kamele packen ließ, und mit seinen Truppen überstürzt abzog. So war durch die Aufmerksamkeit und Tatkraft des Bäckergesellen die Stadt Wien gerettet worden. Zur Erinnerung daran wurde ein steinerner Türke an das Haus hinaufgesetzt, das den Namen „Zum Heidenschuß" erhielt.

Die Bäcker von Wien bekamen von nun an ein spezielles Privileg: Jeden Ostermontag durften die Gesellen von ihrem Innungshaus aus am Salzgries mit Musik und Fahnen durch die Stadt ziehen. Auf einer langen Stange führten sie ebenfalls einen flachen Kuchen – einen Osterfleck – mit sich. Bei ihrem Meister und beim Bürgermeister der Stadt Wien schwangen sie die Fahnen drei Mal. Dieser Handwerksbrauch bedeutete eine besondere Auszeichnung für die Bäcker.

stand.ort

1, Strauchgasse 1–3, Ecke Heidenschuß
Bis zum Jahre 1456 floss durch die Strauchgasse und den Tiefen Graben der Alsbach zur Donau.

was geschah wirklich?

Im Herbst des Jahres 1529 zog Sultan Süleyman II., Herrscher des Osmanischen Reiches, von der heutigen Türkei aus nach Wien, um die Stadt mit seinen Truppen zu erobern. Nach beinahe drei Wochen erbittertem Kampf machte sich in der eingeschlossenen Stadt ein schreckliches Gerücht breit: Die Osmanen hätten heimlich ungeheure, bis in das Stadtzentrum reichende unterirdische Gänge angelegt.

Doch war es mit den Mitteln der damaligen Zeit noch nicht möglich, so viele Meter unter der Erde vorzudringen, nicht einmal bis zum Heidenschuß-Haus, das damals ungefähr 500 Meter von der Stadtmauer entfernt lag. Aber es gab im Jahr 1529 den unterirdisch geführten Minenkrieg bei der Stadtmauer, allerdings nicht in dem großen Ausmaß wie bei der zweiten Türkenbelagerung im Jahr 1683. In den tiefen Kellern des Hauses „Zum Heidenschuß" befand sich ein mächtiges Loch, das einen Durchbruch zum Keller des Nebenhauses bildete. Da in diesen Kellern später Wein ausgeschenkt wurde, haben viele Gäste diese Öffnung gesehen und nannten sie spaßeshalber Türkenloch. Die Erinnerung an die Bedrohung, die während der Belagerung durch unterirdische Stollen bestanden hatte, wurde in den Erzählungen mit diesem auffallenden Kellerloch verbunden. Eine Sage entstand …

sagenhaftes + wunderliches

Das Haus „Zum Heidenschuß" steht an einer bedeutsamen Stelle. Hier wurde durch einen Fluss jahrhundertelang eine Grenze markiert. Ursprünglich war hier die Westgrenze des römischen Lagers Vindobona, und im alten Wien endete hier die Schottenfreyung. Die Freyung gewährte jedem verfolgten Menschen für kurze Zeit Asylrecht. In der Zeit durfte er nicht verurteilt werden.

Doch woher kommt die Bezeichnung „Heidenschuß"? Der Hausname „Zum Heidenschuß" bestand lange vor den Ereignissen des Jahres 1529! Der heute zu sehende Säbel schwingende Türke aus Stein ist noch nicht so alt. Vorher befand sich auf dem älteren und niedrigeren Haus zwar ebenfalls eine Steinstatuette, doch zeigte diese einen Reiter, der gerade einen Pfeil von seinem Bogen abschießt. Dieses ältere Hauszeichen gab dem Eckhaus den Namen „Wo der Heide schießt", aus dem sich dann die Bezeichnung „Heidenschuß" entwickelte. Die Osmanen waren größtenteils Angehörige der Religion des Islam, und wurden daher wie alle Nichtchristen als Heiden bezeichnet.

Auch die Osmanen kannten das ältere Hauszeichen mit einem Bogen schießenden Reiter. Sie erzählten eine Wundersage aus ihrer Sicht: Demnach hatten die Osmanen Wien schon fast eingenommen, und die ersten in die Stadt eingedrungenen Krieger rafften erbeutete Gegenstände an sich. Durch ihre Gier misslang nach Allahs Ratschluss die Belagerung. Nur ein besonders kühner Reiter stieß noch bis zum Haus vor, wurde aber dort von einem Verteidiger getötet. Der österreichische Herzog Ferdinand I.

Türkischer Bogenschütze, 1529

SCHOTTENTOR-VIERTEL | daten & fakten

Diesen Plan verfertigte ein Türke für die Belagerung Wiens im Jahr 1683. Die wichtigsten Gebäude der Stadt hielt er fest, dazu gehörte auch das Haus „Zum Heidenschuß". Es befindet sich auf dem Bild gleich links neben dem Stephansdom. In den türkischen Mythen über Wien kommt dieser Reiter ebenfalls vor. (Historisches Museum der Stadt Wien)

war so beeindruckt von der Tapferkeit des osmanischen Reiters, dass er die mumifizierte, unversehrte Leiche am Haus anbringen ließ, wo sie noch zu sehen ist – so die osmanische Sage.

geschichte.spezial

Im September 1529 stand der sieggewohnte Sultan Süleyman II. mit 150.000 Soldaten vor den Toren Wiens. In einem großen Bogen um die Stadt ließen sich seine Truppen nieder. Innerhalb der Stadtmauern drängten sich viele Flüchtlinge aus dem umliegenden Land, die Einheimischen und rasch herbeigezogene Verteidigungstruppen von 17.000 Mann zusammen. Die Osmanen erprobten 1529 auch die neue Technik des Minenkriegs, die sie in späteren Jahren meisterhaft beherrschten. Unter einer Mine verstand man einen unterirdischen Stollen, in dessen erweitertes Ende, den Minenofen, Fässer mit Schießpulver gebracht wurden. Der Minenofen wurde abgemauert und mittels einer Lunte dann das Pulver entzündet, das nun nach oben wirkte. Dadurch sollte die Stadtmauer gesprengt und die Verteidiger verschüttet und getötet werden.

Nach dreiwöchiger Belagerung erfolgte am 14. Oktober 1529 der vierte Sturmlauf gegen die Stadt, bei dem Minenöfen gesprengt und Breschen in die Stadtmauer geschlagen wurden. Trotzdem gelangten die Osmanen nicht in die Stadt, sondern wurden abgewehrt. In der gleichen Nacht noch beschloss Sultan Süleyman die Aufhebung der Belagerung und die Rückkehr nach Konstantinopel. Der Abzug erfolgte ziemlich überstürzt.

7

Da staunten die Herrscher in ganz Europa: Knapp vor Weihnachten im Jahr 1192 wurde der englische König Richard Löwenherz bei seiner Rückkehr von einem Kreuzzug in Erdberg bei Wien festgenommen. Löwenherz hatte sich zwar als Pilger verkleidet, wurde aber trotzdem erkannt – zwei bewaffnete Ritter des österreichischen Herzogs führen ihn ab. Wie es dazu kam, erzählt eine Sage.

Illustration aus der Handschrift von Petrus de Ebulo, 1197

Richard Löwenherz und der Hof zu Wien

Vor über 800 Jahren verzeichneten die Geschichtsschreiber von Wien eine Katastrophenzeit: Die Pest hatte viele Menschen hinweggerafft, Tiere haben eine merkwürdige Umfall-Krankheit bekommen, und eine große Sonnenfinsternis hat Angst und Schrecken verbreitet. Als aber im Frühling 1189 der römisch-deutsche Kaiser Friedrich, genannt Barbarossa, einige Tage in Wien verweilte, brachte sein Besuch eine willkommene Abwechslung für die Bevölkerung. Barbarossa war Gast des österreichischen Herzogs Leopold V., der in der Nähe der Schottenkirche seinen prächtigen Hof führte.

Kaiser Barbarossa befand sich gerade mit einem großen Heer von Kreuzrittern auf der Durchreise ins Heilige Land. So manchem jungen Mann in Wien gefielen diese kühnen Ritter, viele träumten von Glück und tollen Abenteuern im fernen Morgenland. Und als Herzog Leopold V. ebenfalls beschloss, sich an der Rückeroberung von Jerusalem und der Festung Akkon mit einem eigenen Heer zu beteiligen, konnte er kräftige Männer für den Kreuzzug gewinnen.

Leopold reiste mit seinen Kreuzrittern von Wien nach Venedig, um sich dort einzuschiffen. Im Heiligen Land traf der österreichische Herzog mit Herrschern anderer europäischer Länder zusammen, um mit ihnen als Verbündeter zu kämpfen: Aus Frankreich war König Philipp II. August gekommen und aus England der junge König Richard I., auch Löwenherz genannt. Nur Kaiser Barbarossa fehlte, denn er war inzwischen beim Baden in einem Fluss ertrunken – und so erhielt Herzog Leopold von Österreich den Oberbefehl über die Truppen des Kaisers.

Diejenigen Männer, die zu Hause noch gedacht hatten, die Kämpfe werden nicht arg werden, machten bittere Erfahrungen. Mit brutaler Grausamkeit verliefen die Schlachten, viele Krieger verloren ihr Leben. Bei der Eroberung der Festung Akkon floss so viel Blut, dass der lange weiße Waffenrock des österreichischen Herzogs nach der Schlacht rot eingefärbt war. Lediglich die Stelle, wo er seinen breiten Ledergürtel für das Schwert trug, blieb weiß. Zur Erinnerung daran wurde später das österreichische Wappen in den Farben rot-weiß-rot gestaltet.

Richard Löwenherz schlug sich mit seinen Rittern ebenfalls tapfer vor Akkon. Nachdem diese Stadt von allen Truppen gemeinsam eingenommen war, steckte der König seine Fahnen mit dem englischen Wappen da und dort an die Festungsmauer.

sage | SCHOTTENTOR-VIERTEL

Die österreichischen Kreuzfahrer segeln über das offene Meer. Der Steuermann dürfte sich nicht ganz sicher sein, und ängstlich blicken die Männer im Schiff zu ihm. Als Festlandbewohner bedeutete für die Ritter eine Fahrt über das Meer ein äußerst gefährliches Unternehmen. (Aus dem Babenberger-Stammbaum, Stiftsmuseum Klosterneuburg)

Das ärgerte Herzog Leopold, und er hisste auf einem Turm von Akkon die österreichische Babenberger-Fahne, so dass man sie weitum sehen konnte.

Das wiederum brüskierte Richard Löwenherz, denn seiner Meinung nach nahm er als König einen höheren Rang ein als der Herzog. Bebend vor Eifersucht riss er die österreichische Fahne herunter und warf sie in den Schmutz. Über dieses Vorgehen war Leopold zutiefst beleidigt: Er löste sein Heerlager auf, kehrte voll Zorn nach Wien zurück – und schwor insgeheim Richard Löwenherz ewige Rache.

Inzwischen schrieb man das Jahr 1192. Auch König Richard Löwenherz beendete seinen Kreuzzug und trat die Heimkehr mit dem Schiff an. Doch sein Segler wurde vom Sturm gegen die Küste geschleudert, Löwenherz entrann nur knapp dem Tod. Nun musste der König mit einigen wenigen Getreuen den Landweg einschlagen.

Löwenherz und dem kleinen Gefolge blieb keine andere Wahl, als durch Österreich und über Wien zu reisen. Das bedeutete ein waghalsiges Unternehmen, erinnerte er sich doch noch an den Streit mit Herzog Leopold. Um nicht erkannt zu werden, ließ er sich die Haare wachsen und beschaffte sich Pilgerkleider: lange Kutten mit Zipfelhauben.

Kurz vor Weihnachten, am 22. Dezember, erreichte Richard Löwenherz zu Pferd den kleinen Vorort Erdberg vor den Stadtmauern Wiens. Ihn begleiteten nur mehr ein Ritter und ein Knappe, der gut Deutsch sprechen konnte und dem König als Dolmetscher diente. Es war schon dunkel geworden, die Kälte trieb die Männer in ein kleines Gasthaus. Es schien ihnen ungefährlich, denn es lag ziemlich einsam gleich neben einem großen Haus, in dem Jagdhunde gehalten wurden. Hier würde sie niemand entdecken.

Ein Knecht brät ein Huhn über dem offenen Feuer.

Richard Löwenherz gab sich als einfacher Knecht aus. Er bat den Wirt, dass er sich selbst ein Huhn vor dem offenen Feuer in der Küche braten dürfe. Dieser blickte ihn misstrauisch an und fragte den verkleideten König, ob er denn überhaupt genug Geld für eine Mahlzeit habe. Daraufhin zog der junge Knappe eine Goldmünze aus dem Beutel. Der Wirt staunte über das kunstvoll geprägte Geldstück und zeigte es den anderen Gästen.

In der Wirtsstube saß zufällig ein Gefolgsmann von Herzog Leopold, der auch bei den Kämpfen um Akkon dabei gewesen war. Er wusste sofort, diese Münze stammt aus dem Heiligen Land, und schöpfte Verdacht gegenüber den späten Besuchern. Zwar schwieg er, doch beobachtete er von nun an besonders aufmerksam den Pilger, der mit seiner tief in das Gesicht gezogenen Kapuze in die Küche ging.

Löwenherz hatte vergessen, seinen Ring mit dem kostbaren Rubinstein vom Finger zu ziehen. Als nun der österreichische Gefolgsmann kurz in die Küche sah, fiel ihm an der Hand des Fremden, der gerade den Bratspieß mit dem Huhn drehte, der verräterische Ring auf – und er erkannte den englischen König. Unbemerkt verließ der Gefolgsmann den Gasthof und ritt so schnell wie möglich in die Stadt, um am Hof des Herzogs Leopold alles zu melden.

Richard Löwenherz muss sein Schwert abgeben – eine schwere Demütigung für einen König!

Nachdem der Herzog die Geschichte vernommen hatte, bestieg er sein Ross und begab sich mit einer Schar Bewaffneter vor die Tore Wiens. In Erdberg fand er tatsächlich Richard Löwenherz, der noch das Huhn in der Hand hielt. Der englische König musste Herzog Leopold sein Schwert übergeben und wurde anschließend von den Wachen nach Wien abgeführt. Nun befand sich Richard Löwenherz in der Haft des Österreichers. Bald darauf wurde der königliche Gefangene von Wien nach Dürnstein in die Wachau gebracht, wo er in einem fest gemauerten Turm schmachten musste.

Währenddessen erwartete der englische Hof die Rückkehr seines Königs vom Kreuzzug. Die Wochen vergingen, aber Richard Löwenherz erschien nicht. Als die Nachricht eintraf, dass ein Sturm sein Schiff zum Kentern gebracht hatte, befürchtete seine Familie, er sei samt seiner Besatzung untergegangen. Richard Löwenherz wurde für tot erklärt und sein Bruder Johann mit dem Beinamen „Ohneland" als neuer König von England ausgerufen.

daten & fakten | SCHOTTENTOR-VIERTEL

Ein Mann allerdings konnte und wollte das seltsame Verschwinden von Richard Löwenherz nicht glauben: der Hofsänger Blondel. Er war nicht nur sein Diener, sondern auch ein Freund des Königs. Beide hatten früher viele Nächte zusammen zur Laute gesungen. Blondel fühlte ganz sicher, dass sein König noch am Leben sein müsse. Die vielen Zweifler konnten Blondel nicht entmutigen, er brach auf, den verschollenen Richard Löwenherz zu suchen.

Es wurde eine beschwerliche und lange Reise. Blondel zog von Stadt zu Stadt, von Burg zu Burg und sang in allen fürstlichen Höfen, um vom Schicksal seines Herrn zu erfahren. So wanderte er auch den Donaufluss abwärts und kam nach Dürnstein. Er war müde und traurig geworden und setzte sich vor die mächtigen Mauern der Burg. Wie von selbst griffen seine Finger in die Saiten seiner Laute, und er stimmte das Lieblingslied seines Königs an. Nach der ersten Strophe verstummte er voll Melancholie. Da tönte etwas dumpf, dann aber immer deutlicher vernehmbar aus der Tiefe des Turmes die zweite Strophe als Antwort. Blondel sprang voll Freude auf: Das war eindeutig die Stimme von Richard Löwenherz! Durch ein kleines vergittertes Fenster konnten sich die beiden Männer zwar etwas mühsam, jedoch unentdeckt unterhalten. Blondel versprach Richard Löwenherz die baldige Befreiung und verabschiedete sich unter Tränen.

Wieder in England berichtete Blondel über die Gefangennahme des Königs. Sofort begannen Verhandlungen mit Österreich. Als aber der österreichische Herzog Leopold von der Treue des Minnesängers Blondel erfuhr, war er so gerührt, dass er Richard Löwenherz freigab – so wurde es zumindest in Wien erzählt.

stand.ort
1, Am Hof 2
Heute steht die mächtige Kirche „Zu den 9 Chören der Engel" an der Stelle, wo sich bis ungefähr 1280 die Residenz der Herzöge aus dem Geschlecht der Babenberger befunden hat. Kein Bild und kein Stein blieben erhalten. An den Ort, wo glänzende Feste, Ritterturniere, aber auch Gerichtsverhandlungen stattgefunden haben, erinnert heute nur eine Gedenktafel und der Name des weitflächigen Platzes „Am Hof".

Hier wohnte auch Herzog Leopold V., der den englischen König Richard I. Löwenherz gefangen nehmen ließ, und für dessen Freilassung er beinahe 12 Tonnen Silber als

SCHOTTENTOR-VIERTEL | daten & fakten

Der Kaiser überreicht dem vor ihm knienden Herzog Leopold V. nach der Einnahme von Akkon die rot-weiß-rote Fahne. Hinter Kaiser Heinrich VI. steht im grünen Mantel der König von Frankreich, während im roten Mantel König Richard Löwenherz zu erkennen ist. Die Burg im Hintergrund soll die Festung Akkon vorstellen – doch handelt es sich bei dieser Darstellung um eine sagenhafte Szene.
(Aus dem Babenberger-Stammbaum, Stiftsmuseum Klosterneuburg)

Lösegeld schließlich auch bekam. In diese Zeit fällt auch die Gründung der ersten Wiener Münzstätte, in der die Silberbarren von Richard Löwenherz zu Geldmünzen verarbeitet werden konnten.

was geschah wirklich?
Die spannende Sage folgt in ihren Grundzügen den geschichtlichen Begebenheiten: Die Festung Akkon ist heute die Stadt Akko, die nördlich von Haifa in Israel liegt. Dort ist es 1191 während eines Kreuzuges zu besagtem Zwischenfall gekommen: Der englische König Richard Löwenherz ließ ein österreichisches Kampfzeichen – einen Schild oder eine Fahne – von einem eroberten Turm herunterreißen. Daraufhin kehrte Herzog Leopold V. gekränkt nach Österreich zurück.

Die Errettung von Richard Löwenherz aus der Haft durch seinen Sänger Blondel ist erfunden. Allerdings musste der englische König tatsächlich eine Haft von beinahe dreizehn Monaten erdulden, da sich die Verhandlungen über die enorme Summe seines Lösegeldes so lange dahin gezogen haben.

sagenhaftes + wunderliches
König Richard I. Löwenherz war eine schillernde Persönlichkeit; er liebte den Gesang und schrieb Gedichte, besaß aber auch einen kämpferischen und trotzigen Charakter. So starb er mit 42 Jahren, weil er sich einen feindlichen Pfeil selbst aus der Schulter herausriss und sich nicht helfen ließ. Seine Gefangennahme durch Leopold V. regte besonders die Fantasie vieler Schriftsteller an, eine Unzahl von Gedichten, Romanen und Theaterstücken über ihn blieb erhalten; sogar Filme wurden gedreht.
Die gruselige Geschichte, dass der blutüberströmte Waffenrock von Leopold V. das Vorbild für die rot-weiß-roten Wappenfarben gewesen sein soll, ist vollkommen frei erfunden – sie stammt aus einer Fabelchronik des 14. Jahrhunderts. Das älteste

daten & fakten | SCHOTTENTOR-VIERTEL

Wappen der babenbergischen Landesfürsten war ein einköpfiger Adler, der dann in der Zeit um 1230 von dem rot-weiß-roten Bindenschild verdrängt wurde. Forscher meinen, die Babenberger hätten die Farben von einem Waldviertler Grafengeschlecht, das damals bereits ausgestorben war, übernommen.

Der rot-weiß-rote Bindenschild von Österreich (Historisches Museum der Stadt Wien)

 geschichte.spezial

Herzog Leopold gelang die Gefangennahme seines Rivalen Richard Löwenherz in der Nacht vom 21. auf den 22. Dezember 1192 in der damals kleinen Siedlung Erdberg, die außerhalb der Stadtmauer von Wien lag. Widersprüchlich sind die Berichte, wie Richard Löwenherz wirklich erkannt wurde. Vermutlich haben ihn die exotischen Goldmünzen aus Byzanz beim Bezahlen verraten, allerdings ist auch überliefert, Löwenherz habe einen wertvollen Rubinring getragen.

Wahr ist auch, dass ein Dichter und Sänger mit dem Namen Blondel de Néel den König bei der Reise ins Heilige Land bis Zypern begleitet hat. Die verzweifelte Suche Blondels nach dem verschollenen Richard Löwenherz ist allerdings erfunden. Vielmehr hatte man in England sehr bald Kenntnis von der Verhaftung des Königs.

Es bedeutete damals eine ziemliche Ungeheuerlichkeit, einen König in Gefangenschaft zu halten. Der österreichische Herzog hat sich darüber mit dem römisch-deutschen Kaiser Heinrich VI., einem Sohn von Kaiser Barbarossa, abgesprochen. Nur einen Teil seiner Haft saß deshalb Richard Löwenherz in der Burg von Dürnstein ab, denn der Herzog lieferte ihn bald an den ziemlich rücksichtslosen und ehrgeizigen Kaiser Heinrich aus. Richard Löwenherz wurde während seiner Gefangenschaft strengstens bewacht. Es sollen immer zwölf bewaffnete Männer um ihn herum gewesen sein – sogar wenn er im Bett lag.

Das schließlich vereinbarte Lösegeld betrug eine Riesensumme: 100.000 Mark Silber mussten die Engländer für die Freilassung ihres Königs aufbringen, das waren umgerechnet 23.380 Kilogramm. Mark bedeutete nämlich eine Mengenbezeichnung. Die Silberbarren teilten sich zu gleichen Teilen der römisch-deutsche Kaiser Heinrich VI. und der österreichische Herzog Leopold V.

Wien war erst unter dem Vater von Leopold V. Residenzstadt geworden, und die notwendigen Geldmünzen wurden daher noch aus anderen Städten herbeigeholt.

Zwei Pfennige aus Silber der Münzstätte Wien: Einer zeigt auf seiner Vorderseite einen Reiter, der andere Pfennig weist als Münzbild ein Häschen auf.

Herzog Leopold gründete nun eine eigene Wiener Münzstätte, die für die Münzprägung, den Geldwechsel und die Edelmetallbeschaffung für ganz Österreich allein zuständig sein sollte. Als nach dem Jahreswechsel 1194 das **Lösegeld in der Höhe von 11.690 kg** in Form von Silberbarren aus England eintraf, erfolgte die Umschmelzung und Prägung zu Pfennigen bereits in der Wiener Münzstätte.

Herzog Leopold verwendete das Geld für wichtige Städte in Österreich: Die Stadt Wien erhielt eine neue Ringmauer. Südlich seiner Residenz baute er Wiener Neustadt mit einer komplett neuen Anlage auf. Die Fertigstellung weiterer von ihm geplanter Stadtprojekte erlebte er nicht mehr: Leopold fiel bei einem Turnier unglücklich vom Pferd und starb zu Silvester 1194.

wo gibt es noch etwas zu sehen?

1, Hoher Markt 4
Eine Tafel mit folgendem Text in deutscher und englischer Sprache ist am Haus angebracht: „In diesem Areal gründete Herzog Leopold V. 1194 die erste Prägestätte in Wien, um Wiener Pfennige aus dem Silber des Lösegeldes für König Richard Löwenherz zu prägen …" Nach den neuesten Forschungen erfolgte allerdings die Gründung bereits etwas früher.

3, Erdbergerstraße 41
Heute markiert eine Gedenktafel im Flur des Hauses in der Erdbergerstraße 41 den Bereich, wo das „Rüdenhaus" für Jagdhunde gestanden sein soll. Auch die nahe gelegenen Straßennamen Löwenherzgasse und Rüdengasse weisen noch darauf hin, dass hier einmal die Stelle der Festnahme des englischen Königs gewesen ist. Auf dem Haus Dietrichgasse 26 befindet sich eine Darstellung von Jägern mit Jagdhunden, die ebenfalls an das Rüdenhaus erinnert.

WIDMERTOR-VIERTEL

sagen.weg

ausgangs.punkt
1, Hofburg, Durchgang Heldenplatz zum Innenhof, genannt „In der Burg"

end.punkt
1, Stephansplatz

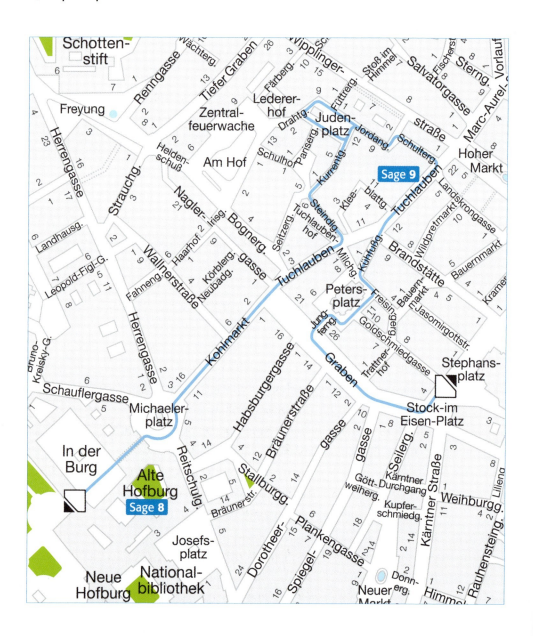

WIDMERTOR-VIERTEL | sagen.weg

Ursprünglich hieß das Tor „Witmarkttor", also das Tor bei dem Witmarkt. Damit war ein Markt für Brennholz gemeint. Der Straßenzug bekam später die Bezeichnung Kohlmarkt – nach der Holzkohle, die dort zum Verkauf angeboten wurde. Der Versammlungsort des Widmer-Viertels war der Graben. Das Widmertor befand sich als Teil der Ringmauer in unmittelbarer Nähe der kaiserlichen Hofburg. Das Tor verlor seine Funktion mit dem Bau der neuzeitlichen Festungsmauer und der Burgbastei. In den Jahren 1553–1559 verschwand das Widmertor vollkommen und machte Platz für einen neuen Wohntrakt der Hofburg.

Hofburg

Die weitläufige Palastanlage ist über sieben Jahrhunderte gewachsen. Hier regierten und wohnten bis zum Jahr 1918 Könige und Kaiser der Habsburg-Dynastie. Heute sind in der Hofburg zumeist öffentliche Institutionen – von den Amtsräumen des Bundespräsidenten über die Österreichische Nationalbibliothek bis zum Museum für Völkerkunde – untergebracht.

Schweizerhof: Vor dem Schweizertor halten zwei steinerne Löwen Wacht. Über dem Burggraben befand sich früher eine Zugbrücke – die Rollen für die Ketten sind noch zu sehen. Der Schweizerhof ist der älteste Teil der Hofburg, der auf ein Kastell mit vier Ecktürmen zurückgeht. Unter der Stiege zur Burgkapelle gelangt man in die Weltliche und Geistliche Schatzkammer. Hier wurden schmale Rundbogenfenster aus der Zeit um 1240 entdeckt.

Weltliche und Geistliche Schatzkammer im Schweizerhof

Eine Schatzkammer umfasst alles, was ihrem Besitzer sehr wertvoll scheint. So verwahrten die Könige und Kaiser Erinnerungen und Erbstücke mit besonderer Bedeutung. Im Mittelalter waren es Krone, Zepter und Reichsapfel – also Zeichen und Beweise für ihre Macht. Zusätzlich sammelten sie kostbare Stücke, mit denen ein wundertätiger Glaube verbunden war: In der heiligen Lanze ist ein zurechtgeschmiedeter Eisenstift eingepasst, der ein heiliger Nagel vom Kreuz Christi sein soll. Diese Lanze galt im Mittelalter als unbesiegbare Waffe.

In der anschließenden Epoche der Neuzeit sammelten die Herrscher auch Interessantes und Kurioses wie Alraunen (siehe

Der heiligen Lanze wurde ein heiliger Nagel eingepasst. Sie stammt aus dem 8. Jahrhundert.

Mit der Reichskrone wurden jahrhundertelang Könige und Kaiser gekrönt. Sie wurde um 962 äußerst kunstvoll gestaltet.

Diese kostbare Achatschale ist mit 75 cm Breite die größte ihrer Art. Lange Zeit dachte man, sie stelle den heiligen Gral dar. Die Schale diente auch als Taufbecken für Prinzessinnen und Prinzen.

SAGE 8) oder ein fast 2,5 Meter langes sagenhaftes Horn, das aber in Wirklichkeit nicht von dem Fabeltier Einhorn, sondern von einem Narwal stammt. So verwandelte sich die Schatzkammer eigentlich in eine Kunst- und Wunderkammer, wo man aus dem Staunen nicht herauskommt.

Michaelerplatz

Das „Archäologiefeld" in der Mitte des Platzes erlaubt einen Blick unter das moderne Großstadtpflaster.

Nr. 5 Michaelerkirche: Über dem Haupteingang ist eine Figurengruppe angebracht, die den Erzengel Michael in Aktion zeigt; mit gewaltiger Kraft stürzt er den Satan hinunter. Diese Kirche ist dem Erzengel Michael geweiht. Im Inneren der Kirche ist der heilige Michael ebenfalls auf einer beinahe 700 Jahre alten Wandmalerei zu sehen, wie er gerade die Seele eines Verstorbenen abwiegt. Der Teufel wartet schon gierig auf die sündige Menschenseele, doch die heilige Maria bittet für ihre Errettung.

Am Hochaltar ist ein Bild mit der Mutter-Gottes und dem Jesuskind ausgestellt, das „Maria Candia" genannt wird. Diese beinahe 450 Jahre alte Ikone stammt aus der Stadt Candia auf der griechischen Insel Kreta. Die Ikone soll nach einer Sage wundertätige Hilfe einem an der Pest erkrankten Priester gewährt haben, so dass seine Pestbeulen verschwanden und er wieder gesund wurde.

Kohlmarkt

Nr. 11 Großes Michaelerhaus: Darinnen verbirgt sich ein wunderschöner Hof, von dem man sehr alte Teile der Michaelerkirche wie das romanische Langhaus und das gotische Dach bestaunen kann. Aus der Barockzeit sind noch die Wagenschuppen stehen geblieben.

Tuchlauben

Der Gassenzug wurde nach den Tuchhändlern benannt, die „Unter den Lauben" ihre Ware verkauft haben.

Vor Nr. 8: Der Tuchmacherbrunnen wurde vom Künstler Oskar Thiede in den Jahren 1926–28 geschaffen.

Nr. 9: Hauszeichen „Zum weißen Storch".

Steindlgasse

Nr. 4: Hauszeichen „Zum goldenen Drachen" (siehe SAGE 17).

WIDMERTOR-VIERTEL | sagen.weg

Kurrentgasse

Nr. 1 Ehemals Obizzi-Palais: In diesem Gebäude tickt es heute in allen Ecken, denn das Uhrenmuseum der Stadt Wien ist hier untergebracht. Der Eingang befindet sich um die Ecke.

Judenplatz

Der Platz bildete bis zur ersten Vertreibung der Juden im Jahre 1421 den Mittelpunkt der Judenstadt in Wien. Auf dem Platz stehen das Lessingdenkmal, das den berühmten Dichter zeigt, und das Mahnmal für die 65.000 österreichischen – jüdischen – Opfer der Schoa (= Vertreibung, Vernichtung) während der nationalsozialistischen Herrschaft. Die britische Künstlerin Rachel Whiteread hat aus nach außen gewendeten Bücherwänden ein Kunstwerk geschaffen, das das jüdische Volk als „Volk des Buches" charakterisieren soll.

Hauszeichen „Zum goldenen Drachen"

Nr. 2: Hauszeichen „Zum großen Jordan". Auf der Wand dieses ältesten Hauses am Platz ist ein großes Relief dargestellt. Es hat vermutlich der damalige Besitzer Georg Jordan hinaufsetzen lassen. Es zeigt die Taufe Christi im Fluss Jordan. Der lateinische Text bezieht sich allerdings auf die Vertreibung und Verbrennung der Juden im Jahre 1421. Am Haus Judenplatz Nr. 6 ist daher von der Erzdiözese Wien eine Tafel angebracht worden, auf der die katholische Kirche die Mitschuld an der mittelalterlichen Judenverfolgung und der Schoa eingesteht.

Nr. 8 Misrachihaus: Das „Museum Judenplatz" hat einen unterirdischen Zugang zum Gedenkraum und zu den Ausgrabungen unter dem Judenplatz. Den Kern des Museums bilden die Überreste der 1421 zerstörten Synagoge, die unter

Hauszeichen „Zum großen Jordan"

der Erde zu besichtigen sind. Viele Informationen über das jüdische Leben im Mittelalter, wie Zeremonien und Feiertage, sind auf ganz moderne Weise spannend dargestellt.

Schultergasse
Nr. 5 Ehemals Sternhof: In diesem Haus wohnte und starb der berühmte Architekt Johann Bernhard Fischer von Erlach (1656-1723).

Diese Burganlage gehört zu einer mittelalterlichen Bilderfolge, die im Sommerhaus auf der Tuchlauben zu sehen ist.

Tuchlauben
Nr. 19 Sommerhaus: Der Tuchhändler Michel Menschein ließ vor ungefähr 600 Jahren einen Tanzsaal mit bunten Bildern ausmalen (siehe SAGE 9). Heute ist der Raum eine Außenstelle des Historischen Museums und kann besichtigt werden. Gegenüber dem „Sommerhaus" lag das Winterhaus. Das Hauszeichen des Winterhauses – die steinerne Figur „Der Winter" – ist auf Tuchlauben 20, Ecke Landskrongasse 5, hoch oben an der Wand noch zu sehen. Vorsicht beim Überqueren der Gasse, da die Autos schnell unterwegs sind!

Die Pestsäule ist mit Pinienzapfen abgegrenzt – sie symbolisieren Unsterblichkeit.

Petersplatz
Kirche Sankt Peter: Nach einer Legende soll die Peterskirche von Kaiser Karl dem Großen im Jahre 792 gegründet worden sein. Außen an der Ostwand ist ein großes Relief aus Marmor zu sehen, das diese Geschichte schildert. In Wirklichkeit stammt die erste Erwähnung der Peterskirche aus dem Jahr 1137; damals war sie noch bedeutend kleiner. Ihre heutige Gestalt mit der Kuppel erhielt die Peterskirche vor ungefähr 300 Jahren.

Graben
Heute lässt es sich auf dem Graben herrlich flanieren. Er ist eine der ältesten Wiener Straßen. Sein Name erinnert an den römischen Lagergraben vor 2000 Jahren.

WIDMERTOR-VIERTEL | **sagen.weg**

Pestsäule, ursprünglich Dreifaltigkeitssäule genannt: Als Dank für die Überwindung der Pest von 1679 errichtet (siehe SAGE 14).

Leopoldsbrunnen mit der Darstellung der Schleierlegende (siehe SAGE 18).

Über den Stock-im-Eisen-Platz (siehe sagen.weg Mitte von Wien) geht es zum Stephansplatz.

8

Diese alte Darstellung zeigt eine Alraune, auf einem luftig gewebten Stoff liegend. In diesem wurde sie zur Aufbewahrung eingewickelt. Zauberkundige bemühten sich immer wieder, die besonderen Kräfte der Alraunen zu nutzen. Eine Alraune war nicht einfach zu erwerben und kostete sehr viel Geld.

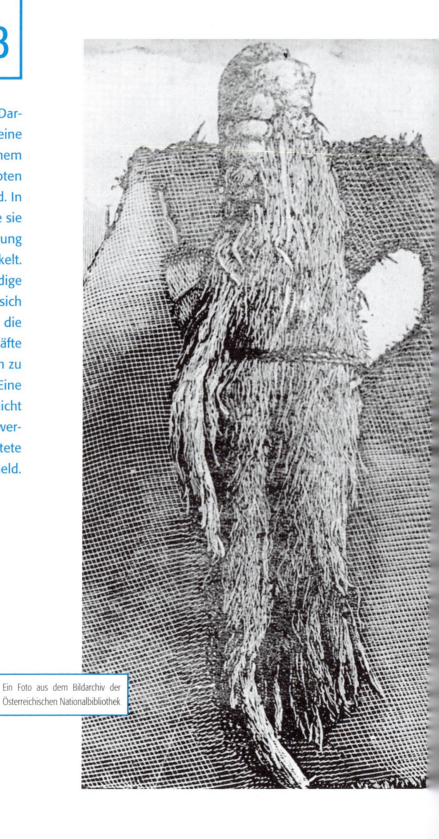

Ein Foto aus dem Bildarchiv der Österreichischen Nationalbibliothek

Die Alraunen des Kaisers

Die Feder kratzte hart über das Papier. Rasch tauchte der Mann hinter dem Schreibpult den Gänsekiel in das Tintenfass, sah in das vor sich liegende Buch und notierte den Titel fertig. Doktor Blotius war vor einem Jahr zum Leiter der kaiserlichen Bibliothek bestellt worden. Viele hunderte Bände hatte er bereits in seinem Katalog erfasst. Noch war das Werk, das er seinem erlauchten Kaiser Rudolf widmen wollte, nicht vollendet.

Doktor Blotius freute sich sehr, dass er diesen Abend länger in der Bibliothek arbeiten durfte. Sonst musste er immer auf Befehl seines Kaisers nach den Abendglocken die Bibliothek verlassen. Doch heute war Kaiser Rudolf nach Prag abgereist, und so nützte er die Zeit.

Am Rande der Stadt befand sich die Hofburg, die Residenz von Kaiser Rudolf II. in Wien. Vier mächtige Ecktürme schützten die Anlage.

Die Nacht war hereingebrochen, und der Bibliothekar schrieb am Stehpult. Prächtige Bände umgaben ihn, geordnet in hohen Regalen, zu deren oberen Reihen schmale Holzleitern führten. Die seltenen Papiere und andere Kostbarkeiten wurden allerdings in Laden eigens angefertigter Kästen verwahrt.

Jedes Buch hielt er genau in langen Listen schriftlich fest. Als er wieder auf der schwankenden Leiter stand, um zur Bearbeitung ein schweres Buch aus dem Regal zu holen, vernahm er plötzlich ein merkwürdiges Wimmern. Die Leiter hat nur ein bisschen gequietscht, dachte er und nahm das Buch. Als er wieder zu seinem Pult schritt, begann erneut dieses Geräusch, so als ob Kinder weinen würden.

Der Bibliothekar lauschte in den halbdunklen Raum hinein, der nur spärlich von einer Kerze erhellt wurde. Da hörte er es allmählich deutlicher: Zwei hohe, dünne Stimmen beklagten sich, sie hätten nichts zu essen bekommen, und sie wären schon so schrecklich hungrig. Dem Mann stockte der Atem, solche Geisterstimmen hatte er noch nie gehört. Woher kamen sie überhaupt? Außer ihm war doch niemand mehr in der Bibliothek.

Der Maler Hans von Aachen hat auf diesem Bild Kaiser Rudolf II. nicht beschönigt: Er zeigt die tiefen Falten um die traurigen Augen und das auffallend hervortretende Kinn.
(Kunsthistorisches Museum, Wien)

Ein merkwürdiges Kaisergesicht hat der Maler Giuseppe Arcimboldo hier geschaffen: Äste mit eingeflochtenem Efeu bilden die Haare und ein Pilz die Lippen. Rudolf II. und sein Vater haben sich gerne in dieser Weise darstellen lassen – verwandelt von der Menschengestalt zu einem Pflanzengebilde.
(Kunsthistorisches Museum, Wien)

Er versuchte die Richtung, aus der das sonderbare Geheul kam, besser wahrzunehmen. Auf Zehenspitzen folgte er den seltsamen Lauten. Sie kamen eindeutig aus dem Kasten mit den schmalen Laden, in denen der Kaiser persönlich geheimnisvolle Dinge aufbewahrte. Als Bibliothekar besaß er allerdings keinen Schlüssel dazu. Ein Schluchzen drang aus der Lade: Die Stimmchen verlangten energisch, gebadet zu werden.

Der äußerst belesene Wissenschaftler Blotius konnte keine Erklärung für diese geisterhaften Rufe finden: Zwar klangen die Stimmen ziemlich menschlich, aber in diesen niedrigen Laden war nicht einmal für ein neugeborenes Kind Platz. Je mehr er zuhörte, umso mehr erfasste ihn ein unheimliches Schwindelgefühl. Seine Gedanken drehten sich wild im Kopf, und es war ihm, als verliere er den Boden unter seinen Füßen. Mit großer Mühe schwankte er aus dem Raum.

Kurze Zeit später kehrte Kaiser Rudolf aus Prag zurück. Doktor Blotius sprach bei ihm vor, um den sonderbaren Vorfall zu melden. Doch nach dem Bericht seines Bibliothekars verzog Rudolf keine Miene und zeigte nicht die geringste Verwunderung. Rudolf meinte lediglich, er werde in nächster Zeit tagsüber in der Bibliothek vorbeischauen – vielleicht zeige er ihm dann etwas Besonderes. Mit gemischten Gefühlen sah Doktor Blotius diesem Besuch entgegen. Denn der Kaiser pflegte zwar zu seinen Gelehrten und Künstlern am Hof einen freundlichen Ton, war aber ein eigenmächtiger Herrscher, der plötzlich argwöhnisch und schnell wütend werden konnte.

Doch Rudolf zeigte sich seinem neugierigen Bibliothekar gegenüber großmütig. Eigenhändig sperrte der Kaiser die rätselhafte Lade auf. Doktor Blotius erblickte darin allerlei seltsame indianische Sachen und Geschirr, weiters verschiedene Abgüsse von kleinen Tierchen, aber auch Zähne von Wölfen, Bären und Löwen. Sogar sechs maltesische Natternzungen konnte er erkennen.

Der Kaiser griff aber zu einem schön verzierten Holzkästchen und öffnete den Schiebedeckel: Darinnen lag ein Wurzelmännchen, gehüllt in ein scharlachrotes Gewand. In einem anderen, weißen Kistchen befand sich ebenfalls eine menschenähnliche Wurzelgestalt, die aber mehr einer Frau glich. Die beiden kleinen Figuren rührten sich nicht. Schweigen breitete sich im Raum aus, nur die Sonne schien freundlich herein. Doktor Blotius rätselte still über dieses verborgene Geheimnis des Kaisers, wagte aber nicht zu fragen.

Mit einem Ruck schob der Kaiser die Lade zu und verließ den Raum. Blotius hatte sich bisher nie ernstlich mit einem solchen Thema beschäftigt, doch nun wollte er unbedingt mehr über diese Wurzelwesen erfahren. Er wusste lediglich, dass sie Alraunen genannt und ihnen magische Kräfte zugeschrieben werden.

Im Regal mit den Büchern über Alchemie wurde Blotius fündig: Bei diesen Alraunen oder Wurzelmännchen handelt es sich um ein vielseitiges Zaubermittel. Mit ihrer Hilfe kann sich ein Mensch unsichtbar machen oder kostbare Schätze heben. Die kleinen dämonischen Geister weissagen auch auf Wunsch die Zukunft. Doch muss der Besitzer seine Alraune liebevoll pflegen, füttern, kleiden und jeden Samstag in gewässertem Wein waschen. Sonst steht die Alraune ihrem Menschen nicht zu Diensten.

Die Gewinnung solcher Wurzelmännchen ist allerdings mit größten Gefahren verbunden. Die wirksamste Alraunwurzel wächst nämlich – so der Aberglaube – auf einer Hinrichtungsstätte direkt unter dem Galgen. Nur wenn alle Maßnahmen beim Ausgraben richtig ausgeführt werden, verschwindet die Wurzel nicht sofort wieder. Die Wurzel kann aber auch beim Herausziehen so entsetzlich schreien, dass dem Menschen Herz und Gehirn vor Schreck stehen bleiben, und er dadurch sogar sein Leben verliert.

Nachdem Doktor Blotius alles über die Wirksamkeit der Alraunen in Erfahrung gebracht hatte, wurde er sehr nachdenklich: Seine Majestät beschäftigt sich nicht nur mit Wissenschaft und Kunst, sondern auch mit Magie! Am nächsten Tag erhielt der Bibliothekar eine Nachricht: Der Kaiser wünsche sofort, dass der gesamte Inhalt der Lade mit den Alraunen aus der Bibliothek in seine persönliche Verwahrung überstellt werde. So kam das Alraunenpärchen in die privaten Gemächer von Rudolf II., wo die geheimnisvollen Wurzelgestalten bis zum Lebensende des Kaisers blieben.

8 daten & fakten | WIDMERTOR-VIERTEL

stand.ort
1, Hofburg, Schweizerhof, Schatzkammer

Manches aus der Wunderkammer Kaiser Rudolfs II. ist hier zu sehen, auch seine Krone ist ausgestellt, die dann vor 200 Jahren die österreichische Kaiserkrone wurde. Die Schatzkammer besitzt sogar noch eine mit Perlen verzierte Alraune, die Kaiser Rudolf vor 400 Jahren für sich hat erwerben lassen – sie ruht allerdings verborgen in einem Tresor.

tipp!

Die Schatzkammer in Wien ist weltberühmt und sehenswert, auch wenn die geheimnisvolle Alraune nicht besichtigt werden kann. Die Gemäldesammlung von Kaiser Rudolf II. ist heute teilweise im Besitz des Kunsthistorischen Museums.

was geschah wirklich?

Kaiser Rudolf II. lebte vor mehr als 400 Jahren, und er war der größte Sammler seiner Zeit: Nicht nur Bücher und Kunstschätze, sondern auch allerlei Wunderdinge interessierten ihn sehr. Alraunen wurden damals um viel Geld gehandelt, Rudolf besaß mehrere davon.

Sein Bibliothekar hieß Dr. Hugo Blotius, er kam aus Holland und war der erste Leiter der kaiserlichen Hofbibliothek in Wien. Von ihm stammt der älteste Katalog mit einer Auflistung aller damals in der Bibliothek vorhandenen Bücher. Er konnte stolz versichern, dass die Wiener Bibliothek die der Könige von Frankreich bald überflügelt und die der Päpste fast erreicht habe. Heute sind die Sammlungsgegenstände von Rudolf II. in der ganzen Welt verstreut – so auch seine Alraunen (siehe SAGE 19).

sagenhaftes + wunderliches

Als Alraune bezeichneten die Menschen die Wurzel der Pflanze Mandragora. Sie wächst im östlichen Teil von Südeuropa, in Gebieten um das Mittelmeer und im Himalaja. Im Altertum wurde die Wurzel – da sie sehr betäubend wirkt – als Narkosemittel bei Operationen verwendet. Bereits damals galt sie als Zaubermittel, da die Form der fleischigen, oft gespaltenen Wurzel der menschlichen Gestalt gleicht.

In der deutschen Bezeichnung Alraune steckt das gotische Wort „runa", was so viel wie Geheimnis bedeutet. Im Mittelalter entwickelte sich eine komplizierte Gedankenwelt um die Gewinnung und Pflege dieser kleinen Wurzelmännchen, die nach

Diese kleine Alraune zeichnete jemand in das Buch, in dem alle gesammelten Wunderdinge von Kaiser Rudolf II. aufgelistet wurden. Hat vielleicht der Kaiser selbst dieses Figürchen angefertigt? Es könnte sein …

ihrem angeblichen Fundort auch Galgenmännchen benannt werden konnten. Wie in der Sage erzählt wird, konnten sie verschiedenen Zauber bewirken. Die Alraune wurde auch als Amulett gegen Verhexung und schwere Krankheiten benutzt. Ihre Aufbewahrung erfolgte an geheimen Orten – meist in Kästen – im Haus.

geschichte.spezial

Kaiser Rudolf II. (geboren 1552, gestorben 1612) erlebte eine sehr schwere Regierungszeit. Immer wieder drohte ein verheerender Krieg mit dem Osmanischen Reich. Innerhalb der österreichischen Länder, zu denen auch das heutige Ungarn, die Slowakei und Tschechien gehörte, war die Bevölkerung durch die neue evangelische Religion gespalten: Die katholische Kirche bestimmte damals das gesamte Leben der Menschen, und sie wollte keine andere Religion zulassen. Es kam zu Kämpfen mit evangelischen Teilen der Bevölkerung und zu ersten Ausweisungen von Protestanten aus den österreichischen Ländern.

In solchen unsicheren Zeiten suchen die Menschen gerne nach dem schnellen Glück. Zauberei und Magie sollten dabei helfen. Die Menschen hofften, sich alle vermeintlich geheimen Kräfte der Natur dienstbar machen zu können. In jener Zeit suchten Alchemisten nach dem Stein der Weisen, mit dem sie unedles Metall zu Gold verwandeln wollten.

Der Kaiser förderte viele Wissenschaftler und Künstler, beschäftigte sich aber auch gerne mit Astrologie, Magie und sammelte Mirabilia (Wunderdinge). Eigentlich war er ein Universalist. Im Laufe seiner Regierung zog er sich immer mehr von den politischen Problemen zurück und flüchtete in ein geheimes Privatleben. Er starb im Jahre 1612 in Prag als machtloser „Schattenkaiser", geplagt von Wutanfällen und Melancholie.

9

Diese über 600 Jahre alten Wandmalereien müssen detektivisch betrachtet werden, waren sie doch hunderte Jahre unter dem Verputz und haben dadurch einiges von ihrer Farbe verloren. Auf diesem Bild tanzen elegante Damen und Herren einen Reigen, um den Frühling zu begrüßen. Vergnügt halten sie sich bei den Händen. Auf der linken Seite ist der Musiker – er bläst eine Schalmei – zu erkennen. Auf der rechten Seite führt der Vortänzer den Reigen an und schaut dabei seiner Dame im weißen Kleid tief in die Augen. In seiner Linken hält er einen verzierten Tanzstab.

Doch soll es einmal bei diesen jährlich stattfindenden Frühlingsfesten zu einem Aufsehen erregenden Zwischenfall gekommen sein – so erzählt es die Sage.

Neidhart-Fresken, Wien 1, Tuchlauben 19

Neidhart und das Veilchenfest

Im alten Wien bedeutete der Winter eine bittere Angelegenheit. Kälte und Feuchtigkeit krochen in die kaum beheizten Häuser. Zwar prasselte in den Küchen ein offenes Feuer zum Kochen, aber sonst leisteten sich nicht einmal die reichen Bürger mehr als eine zusätzliche warme Stube. Die anderen Kammern blieben sogar bei klirrendem Frost unbeheizt.

Wenn dann die dunklen Nächte wieder kürzer wurden, und die Sonnenstrahlen mehr Licht und Wärme auf die Erde brachten, feierten die Menschen ein großes Freudenfest: die Vertreibung des Winters durch den Frühling. In der Stadt Wien hatte sich ein besonderer Brauch entwickelt: Wer das erste Veilchen fand, bedeckte es mit seinem Hut und lief zum Hof des Herzogs, um es ihm zu melden.

Damit war der Auftakt für das Veilchenfest gegeben. Der Herzog und die Herzogin sowie der gesamte Hofstaat bestiegen ihre Pferde. Die Spielleute packten ihre Musikinstrumente zusammen, und viele Damen und Herren der Wiener Bürgerschaft begleiteten sie. Alle kamen auf die Wiese, um die erste Frühlingsblume freudig zu begrüßen.

Der Herzogin blieb es vorbehalten, den Hut aufzuheben, die zierliche violette Blume zu pflücken und sie dem Herzog zu überreichen. Anschließend begann ein fröhliches Tanzen und Springen. Die übermütigen Spielleute erfanden tolle Melodien für den Reigentanz, und die Trommler feuerten so lange die Gesellschaft beim Singen der Tanzlieder an, bis die feinen Damen und Herren ganz heiser waren.

Und wieder einmal war der gefürchtete Winter vorbei. Diesmal war es der Liedermacher Neidhart, der das erste Veilchen fand. Das Blümchen stand noch dazu auf der weiten Wiesenfläche am Kahlengebirge, dort wo die Wiener am liebsten ihre Frühlingsfeste feierten. Daher trug sie die Bezeichnung Minnewiese.

Voll Freude nahm Neidhart seinen Hut vom Kopf und stülpte ihn über das kleine, süß duf-

Der Sänger Neidhart findet das Veilchen.

tende Veilchen. In Gedanken malte er sich schon aus, wie ihn alle bewundern werden, und er den Tanz mit der schönen Herzogin anführen darf. Stolz auf sich und seinen Fund machte sich Neidhart auf den Weg zurück in die Stadt.

Der Trompeter verkündet den Beginn des Festes.

Neidhart hatte aber nicht bemerkt, dass er bei seinem Tun heimlich beobachtet wurde: Ein Bauer stand hinter einem Baum versteckt. Dieser verachtete Neidhart als einen eitlen Stadtmenschen. Außerdem schilderte Neidhart die Bauernburschen in seinen Liedern als dumme Tölpel und grobe Lackel, während er selbst jedes schöne Bauernmädchen zu betören versuchte.

Als nun der Bauer allein auf der Wiese zurückblieb, dachte er, jetzt wäre der richtige Augenblick für seine Rache an Neidhart gekommen. Er legte den Hut des Sängers beiseite und brach das Veilchen ab. Da es gerade in seinem Bauch ziemlich grummelte, ging er in die Hocke und erleichterte sich. Anschließend bedeckte er alles fein säuberlich wieder mit dem Hut und trollte sich.

Inzwischen kündigten die Trompeter vor der herzoglichen Burg das Veilchenfest an. Wenig später zogen die in bunte Gewänder gekleideten Damen und Herren zur Minnewiese. Allen voran ritt der Herzog mit seiner Gemahlin. Immer größer wurde der Festzug, dem sich viele Mädchen und Burschen anschlossen. Die Musikanten nahmen ihre Schalmeien und Trommeln und folgten der ausgelassenen Menschenschlange.

Dann kam der große Augenblick auf der Minnewiese: Neidhart half der hohen Dame vom Pferd und freute sich schon auf ihre huldvollen Blicke. Die Bläser setzten ihre Instrumente an die Lippen, alle warteten gespannt. Die Herzogin beugte sich nieder und fasste den Hut. Sie erstarrte: Unter dem Hut quoll Übelriechendes hervor. Der sonst so redegewandte Neidhart erblasste, riss vor Entsetzen die Arme hoch und brachte kein Wort heraus. Welch eine Schande für ihn!

Der Herrscher war über Neidhart erbost: Wie konnte der Minnesänger seiner edlen Herzogin einen solchen schlimmen Streich spielen! Statt Tanz und Spiel gab es beleidigte Mienen, nur einige Herren lächelten schadenfroh. Der gesamte Hofstaat ritt im

Die empörte Herzogin und Schalmei-Bläser

Galopp zur Burg zurück – Neidhart blieb tief beschämt zurück.

Jedoch ahnte Neidhart bald, wer ihm diese Schmach angetan hatte, und stürzte fort. Im nahen Kahlenbergerdorf fand er eine Schar von Bauern, die gerade unter lautem Gelächter um eine Stange hüpften, an deren Spitze sein Veilchen angebracht war. Laut sang ein Bauer: „Neidhart, sollst hier von mir wissen, ich hab dir unter den Hut geschissen!"

Da zog Neidhart voll Zorn sein Schwert aus der Scheide, sprang zwischen die Bauern, und schlug nach allen Seiten. Die Bauern ergriffen schleunigst die Flucht, doch einige von ihnen wurden durch seine Schwerthiebe verletzt und Blut floss. Das kümmerte Neidhart wenig; er holte sein Veilchen und machte sich auf den Weg zur Burg.

Nun beteuerte Neidhart vor dem Herzog seine Unschuld: Nicht er, sondern die Bauern haben das Veilchen ausgetauscht, um ihn zu blamieren. Da lachte der Herzog und verzieh seinem Minnesänger, der ihm mit seiner Dichtkunst oft und oft viel Freude und Spaß bereitet hatte. Doch von den anderen Damen und Herren musste Neidhart sich noch viele bissige Bemerkungen anhören, und er bekam den Beinamen „Neidhart, der Bauernfeind".

stand.ort

1, Tuchlauben 19: Neidhart-Fresken aus der Zeit um 1407

Vor ungefähr 600 Jahren gab der reiche Tuchhändler Michel Menschein den Auftrag, im ersten Stock seines Hauses einen prächtigen Tanzsaal einzurichten. Die mittelalterlichen Künstler überzogen mit ihrer Malerei zur Gänze alle Wände des Raumes. Ihre Bilder zeigen Geschichten, die der Minnesänger Neidhart von Reuenthal in seinen Liedern erzählt hat.

Die Sage vom Veilchenfest bildet auch das Hauptthema der Darstellungen. Diese Fresken stellen heute einen kostbaren Schatz für die Stadt Wien dar, obwohl sie nicht mehr vollständig erhalten sind.

daten & fakten | WIDMERTOR-VIERTEL

tipp!

Im Stiegenhaus sind ebenfalls alte Wandmalereien freigelegt worden. Allerdings führte vor 600 Jahren zum Festsaal eine inzwischen entfernte Holztreppe hinauf.

was geschah wirklich?

In Wien wirkten im Mittelalter gleich zwei sagenhafte Ritter mit dem Vornamen Neidhart. Beide waren Liedermacher, also Dichter und Sänger, die damals Minnesänger genannt wurden. Der berühmtere hieß Neidhart von Reuenthal, er lebte vor ungefähr 780 Jahren in Wien und Umgebung.

Der andere nannte sich Neithart Fuchs, und er war vor ungefähr 670 Jahren Spaßmacher am Herzoghof in Wien. Neithard Fuchs dichtete in der Art seines von ihm bewunderten Vorgängers, nur etwas derber in der Sprache. Diese beiden Männer wuchsen in Wien zu einer Sagenperson zusammen: dem Neidhart mit dem Veilchenschwank. Es wird immer ein Geheimnis bleiben, ob sich diese böse Geschichte mit dem Veilchen wirklich zugetragen hat oder zur Belustigung des Hofes von Neidhart bloß gedichtet wurde.

Auf diesem Plan ist das Haus des Laubenherrn Menschein, der die Neidhart-Bilder malen ließ, gut zu erkennen. Es hatte nämlich im Hof einen Turm. In der Bildmitte verläuft der Straßenzug Tuchlauben, der nach oben hin (nach Süden) breiter wird. Auf der rechten Seite ist das Gebäude mit dem Turm zu erkennen.

sagenhaftes + wunderliches

In Wien gehörten im Mittelalter die Feste im Frühling und im Herbst zu den Besonderheiten, bei denen die Städter hinauszogen und im Freien tanzten, sangen und spielten. Mit der ersten Blüte war die Zeit der Frühlingstänze gekommen. Zur Zeit der Babenberger war es am Wiener Hof üblich, dass man alljährlich in die Auen und Wiesen der Umgebung wanderte, um das erste Veilchen zu suchen. Meist führte der Herzog persönlich den Reigentanz an. Es bedeutete eine besondere Ehre, an seine Stelle zu treten. Die heutige Elisabethwiese soll die ehemalige Minnewiese gewesen sein. Diese befindet sich zwischen Leopoldsberg und Kahlenberg, neben der Höhenstraße gelegen, im 19. Wiener Gemeindebezirk. „Minne" bedeutete in der damaligen mittelhochdeutschen Sprache „Liebe".

Die vornehmen Stadtleute liebten im Mittelalter besonders die lustigen Liedertexte von Neidhart von Reuenthal, bei denen er gerne in feinen Versen Zweideutiges sagte. Neithart Fuchs hingegen formulierte alles direkter. Aus dem ursprünglichen Lied „Das Veilchen" entwickelten sich mit der Zeit die Sage und umfangreiche Theaterstücke, die so genannten „Neidhartspiele". Diese Aufführungen begannen immer mit dem Veilchenschwank, andere Szenen folgten. Nicht nur in Wien, sondern an den verschiedensten Orten in Europa wurden früher Neidhartspiele aufgeführt.

geschichte.spezial

An der Nordseite der Domkirche von Sankt Stephan, an der Außenwand gleich neben dem Singertor, befindet sich ein herrlich gestaltetes Hochgrab, das den Namen „Neidhart-Grabmal" trägt (siehe sagen.weg Mitte von Wien). Es wurde vor kurzem renoviert. Bei diesen Arbeiten öffneten die Wissenschaftler die Grabkammer und fanden menschliche Knochen, die oberflächlich gesehen zusammen ein komplettes Skelett ergaben. Genaue wissenschaftliche Untersuchungen erbrachten allerdings, dass sie von zwei verschiedenen Männern stammen. Jeder von ihnen war vorher in einem eigenen Erdgrab bestattet gewesen.

Mit der Radiokarbonmethode (C-14) wurde das Alter der Knochen bestimmt: Die mehr zierlichen und grazilen Knochen können dem Minnesänger Neidhart von Reuenthal (geboren um 1180, gestorben vor 1246) zugeordnet werden, und die derberen dem Ritter Neithart Fuchs, der nach neuesten Erkenntnissen um 1334 in Wien gestorben ist. Doch wer hat die beiden Minnesänger mit dem gleichen Vornamen in dem repräsentativen Grabmal am Stephansdom vereint?

Herzog Rudolf IV. der Stifter (geboren 1339, gestorben 1365) gab dieses Prunkgrab vor ungefähr 640 Jahren in Auftrag (siehe sagen.weg Mitte von Wien). Damit wollte der Herrscher den berühmten Liedermachern und Minnesängern ein Denkmal setzen. Nach der Fertigstellung des aufwändigen Grabmals wurden die Reste der beiden Skelette von Neidhart und Neithart ausgegraben – dazu rutschte unbemerkt auch ein kleiner Knochen von einem jungem Schaf – und dann gemeinsam feierlich bestattet.

KÄRNTNERTOR-VIERTEL

sagen.weg

ausgangs.punkt
1, Kärntner Straße, Walfischgasse

end.punkt
1, Stephansplatz

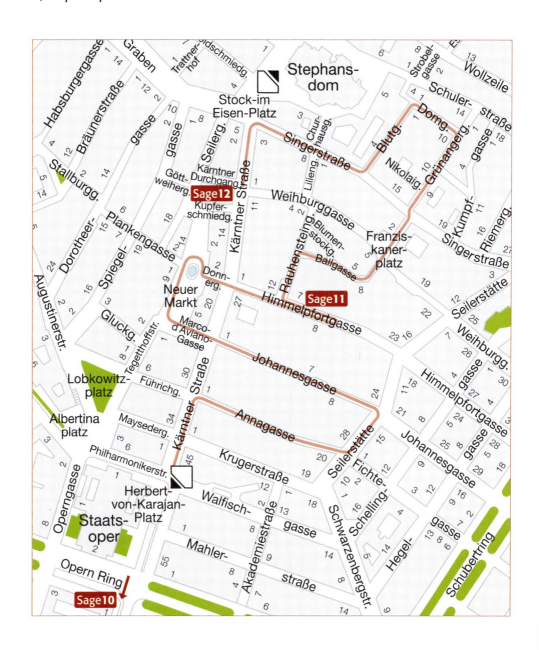

KÄRNTNERTOR-VIERTEL | sagen.weg

Das Kärntnertor erhielt seinen Namen von der Kärntner Straße, dem Beginn der wichtigsten Handelsstraße in den Süden. Der Versammlungsort des Kärntner-Viertels war der Neue Markt. Das Kärntnertor stand als Teil der Ringmauer an der heutigen Kreuzung Kärntner Straße, Walfischgasse und Philharmonikerstraße. Dieses Tor im Süden der Stadt besaß als Schutz den stärksten Turm der gesamten Stadtbefestigung. Unterirdisch waren ausgedehnte Räumlichkeiten, die als Gefängnis dienten: Vor allem Schwerverbrecher und Kriegsgefangene hielt man hier tief unter der Erde in Haft. Außerhalb der Stadtmauer befand sich das Heiligengeistspital (siehe SAGE 10). Der Kärntnerturm wurde im Jahr 1589 vollkommen abgetragen. In der neu angelegten Festungsmauer wurden dann gleich zwei Kärntnertore eingefügt, die bis zum Bau der Ringstraße in Verwendung waren.

Kärntner Straße 51, Walfischgasse 2
An der Hausecke ist hoch oben eine Steintafel mit Goldschrift eingelassen, die daran erinnert, dass am 11. Oktober 1529 Sultan Süleyman speziell beim Kärntnertor die Stadt erstürmen wollte (siehe SAGE 6). Bei diesen Gefechten wurde der Turm schwer beschädigt.

Annagasse
Nr. 3B Annakirche: Diese Kirche ist eine alte Stätte der Verehrung der heiligen Anna, der Mutter der heiligen Maria. Hier wird jedes Jahr am 26. Juli eine mumifizierte Hand – die der heiligen Anna gehört haben soll – zur Verehrung ausgestellt.

Nr. 14: Hauszeichen „Zum blauen Karpfen". Der Fisch stammt aus dem 17. Jahrhundert und bedeutete eigentlich das Namenszeichen des Bierwirten Georg Kärpf, der hier sein Lokal betrieb. Die anderen Verzierungen und das Relief mit den kleinen sich vergnügenden Buben kamen erst viel später – im Jahr 1824 – dazu.

Johannesgasse
Nr. 15 und 17: ehemaliges Savoysches Damenstift.
Nr. 5 Außenstelle des Österreichischen Museums für Volkskunde: Eingerichtete originale Klosterapotheke aus der Barockzeit.

Hauszeichen „Zum blauen Karpfen"

sagen.weg | KÄRNTNERTOR-VIERTEL

Nr. 6 Hofkammerarchiv: Im Gebäude hat sich das komplett eingerichtete Arbeitszimmer des Dichters Franz Grillparzer in dem Zustand erhalten, wie er es im Jahre 1856 verlassen hat. In seinem Theaterstück „Die Ahnfrau" kommt auch ein Geist vor.

Neuer Markt
Dieser große viereckige Platz wurde früher auch Mehlmarkt genannt, weil sich hier der Hauptumschlag für Getreide und Mehl befand. Am Platz standen ein Pranger und ein Brunnen, der auch zuweilen zum Bäckerschupfen verwendet wurde. Heute befindet sich dort der Donnerbrunnen.
Kapuzinerkirche: Unter der Kirche liegt die berühmte Kapuzinergruft, in der 138 Mitglieder des Hauses Österreich ruhen. Am prominentesten sind die Herrscher Maria Theresia, Kaiser Josef II. und Franz Joseph I.

Himmelpfortgasse
Nr. 8 Finanzministerium: Den Palast ließ sich Prinz Eugen von Savoyen erbauen. Hier wohnte er im Winter, während er im Sommer sein herrliches Schloss Belvedere (heute im 3. Bezirk) nutzte. Im Stiegenhaus des Winterpalais wird die Prunkstiege von vier starken Männern, den Atlanten, getragen. Vorher standen statt des Palais kleine Häuser dort, in denen auch einige Jahre eine Münzstätte eingerichtet war (siehe SAGE 12).
Nr. 7: Hier befand sich das Himmelpfortkloster (siehe SAGE 11).

Rauhensteingasse
Nr. 8: Eine Gedenktafel erinnert, dass in diesem Haus Wolfgang Amadeus Mozart 1791 gestorben ist. Seine berühmte Oper „Die Zauberflöte" kennen auch viele Kinder.

Ballgasse
Die Ballgasse ist noch wie im Mittelalter gebogen angelegt.
Nr. 6: Geschriebene Hauskennzeichnung „Zum neuen Blumenstock"
Nr. 8: Geschriebene Hauskennzeichnung „Der Bürgerlichen. Tischler Herberg. 1772". Hier wurde im Jahr 1772 das Haus der Tischlerinnung errichtet.

Franziskanerplatz
Nr. 4 Franziskanerkirche und Kloster: Auf dem Hochaltar steht als Gnadenfigur eine heilige Maria. Um sie rankt sich die Legende, sie hätte mit einer Axt zerhackt werden sollen, doch blieb sie trotz aller Anstrengungen unzerstört. An ihrer linken Schulter steckt bis heute ein silbernes Beil, die Statue trägt daher die Bezeichnung „Maria mit dem Beil".

Grünangergasse

Nr. 8: Hauszeichen vom „Kipfel- oder Bäckerhaus". Dort wurde 500 Jahre das Bäckergewerbe ausgeübt. Die Sage erzählt, hier wäre in Wien nach der Belagerung 1683 als eine Nachbildung des türkischen Halbmondes das erste Kipferl gebacken worden. Ursprünglich hieß das Haus „Zum grünen Anger".

Hauszeichen vom Kipfelhaus

Domgasse

Nr. 5 Figarohaus: Hier hat Wolfgang Amadeus Mozart mit seiner Familie gelebt und gearbeitet. Ein großer Plan zeigt im heute eingerichteten Museum das alte Wien mit seiner Festungsmauer. Außerdem ist viel Interessantes über den Komponisten Mozart zu erfahren.

Blutgasse

Ecke Domgasse-Blutgasse hat sich die alte Gassenbeschriftung, direkt an der Hauswand erhalten. Einer Sage nach soll hier nach der Auflösung eines französischen Ritterordens der Tempelherren im Jahr 1312 das Blut der getöteten Tempelritter die Singerstraße hinunter geflossen sein. Doch ist diese Sage historisch nicht belegt.

Nr. 3-9: Vier mittelalterliche Häuser, die alle zum so genannten Fähnrichshof gehören. Bei Nr. 9 kann der Hof besichtigt werden, in dem eine alte Platane als Naturdenkmal steht. In ihrem Stamm ist das Biedermeiergitter, das sie einmal umgeben hat, vollkommen eingewachsen. Die Sage erzählt, dass sehr tief unter dem Hof vergraben noch die Schätze der Tempelritter lagern sollen.

Singerstraße

Nr. 7 Deutschordenshaus und Kirche Sankt Elisabeth: Der Deutsche Ritterorden wurde in Akkon gegründet (siehe SAGE 7), und unter dem Babenbergerherzog Leopold VI. 1204 bis 1206 in der Singerstraße angesiedelt. Hier ist heute auch die Schatzkammer des Deutschen Ordens untergebracht.

Nr. 4: Das Haus „Zum grünen Lindwurm" (siehe SAGE 17) befand sich an dieser Stelle. Im Jahr 1937 wurde das Haus abgebrochen.

Nun sind es nur mehr ein paar Meter zum Stephansplatz. Wer noch Lust hat, kann einen kleinen Abstecher in die Kärntner Straße bis zum Kärntner Durchgang machen, wo einst das Hasenhaus stand (SAGE 12). Heute erinnert aber dort nichts mehr an das prächtig bemalte Haus.

10

Der Wienfluss war im Mittelalter einer der mühlenreichsten Wasserläufe. Vor dem Kärntnertor stand ursprünglich die bedeutendste und älteste Mühle von Wien. Dort kamen im Mittelalter die Müller zusammen um sich zu beraten, und dort wurde auch das meiste Mehl für die Stadt gemahlen. Diese Gegend war also ein wichtiger Ort für das Mühlenwesen in Wien. Eines Nachts soll hier ein reicher und mächtiger Mühlenbesitzer durch ein zottiges Wildtier in große Gefahr geraten sein …

Plan der Stadt Wien aus dem Jahr 1547 von Bonifaz Wolmuet

Die Bärenmühle

Sorgfältig schloss die Wache das Kärntnertor zu: Der Müllermeister war gerade noch – ohne den Sperrkreuzer zahlen zu müssen – durchgekommen. Nun stand er auf der Brücke über dem Stadtgraben und freute sich, dass er es noch geschafft hatte. Er war ein Mann, der auf jeden Pfennig achtete, obwohl ihm seine Mühle am Wienfluss reichlichst Geld eintrug.

Es war Winter, die Nacht brach rasch herein. Vom Osten pfiff eisig der Wind, und der Müller zog seinen Umhang enger. Mit großen Schritten eilte er zu seiner Mühle. Sie lag in einer ziemlich einsamen Gegend außerhalb der schützenden Stadtmauer; erst weiter entfernt begannen wieder die kleinen Siedlungen der Vorstädte.

Der Schnee knirschte unter seinen Füßen. Seit vielen Wochen herrschte eine unbarmherzige Kälte. Schon näherte sich der kräftig gebaute Mann dem Heiligengeistspital, das für arme und kranke Wiener errichtet worden war. Endlich sah er im Mondlicht das große Mühlrad seines Hauses. Als er hinkam, war das Eingangstor zugesperrt, aus keinem Fenster drang mehr ein Licht heraus. Vor sich hinschimpfend, suchte er in seinem Beutel nach dem Schlüssel, doch fand er ihn nicht.

Nun klopfte er alle Taschen ab. Auf einmal spürte er einen wuchtigen Körper hinter sich, eine Pranke schlug auf seine Schulter. Der Geruch eines wilden Tieres nahm ihm den Atem. Der Müllermeister schrie um sein Leben und stürzte. Er spürte, wie ein gewaltiger Bär sich über ihn beugte. Mit aller Kraft versuchte der Müller sich gegen den Fellkoloss zu stemmen, und sie kugelten übereinander.

Da flog im ersten Stock – direkt über dem Mensch-Tier-Knäuel – das Fenster auf, und ein Knecht sprang heraus. Er landete auf dem Rücken des Bären. Überrascht ließ das Tier den Müller los, der den Augenblick nützte und zur Nachbarmühle lief, um Hilfe zu holen. Währenddessen umfing der Knecht mit seinen starken Armen den Hals des Bären und drückte ihm die Kehle zu, bis das Tier nach Luft schnappte. Unerschrocken rang er mit dem Bären und sprach mit ruhiger Stimme auf ihn ein.

Da kamen die Nachbarn mit Schaufeln und Spießen bewaffnet herbei. Einer von ihnen versetzte dem Bären gezielt den Todesstoß. Erschöpft zündeten die Männer einige Fackeln an und betrachteten ihre Beute: Ausgestreckt lag das große und schöne Tier im Schnee. Nur ein dünnes rotes Rinnsal floss von ihm weg. Nachdenklich sah der Mühlknecht den toten Bären an: Wie sehr hatte er gehofft, dass der Bär wieder das Weite gesucht und am Leben geblieben wäre.

Der Müllermeister war nach diesem Überfall des Bären wie ausgewechselt: Überschwänglich und fröhlich lud er am nächsten Tag alle zu einem Schmaus ein und schenkte seinen besten Wein aus. Alle mussten die Gläser anstoßen, und laut verkündete der Müller: Sein tapferer Knecht, der ihn so wagemutig vor dem Tod bewahrt hatte, habe einen Wunsch frei – möge es kosten was es wolle.

Eine solche Großzügigkeit zeigte der Müllermeister sonst nie. Den Anwesenden fielen augenblicklich Belohnungen wie ein Beutel voll Golddukaten oder gleich eine Mühle oder vielleicht ein Weingarten ein. Da stand der Knecht auf und meinte: „Mein einziger Wunsch ist, dass ich das Bärenfell bekomme!" Und so geschah es.

Aus dem dichten schwarzen Zottelfell nähte ein Kürschner einen langen Mantel, den der Mühlknecht bis an sein Lebensende trug.

Hauszeichen „Bärenmühle", Anfang 19. Jahrhundert. Die noch älteren Gasthausschilder haben sich nicht erhalten.

Die Leute gaben ihm deshalb auch den Namen „Bärenhäuter". Der Müllermeister aber ließ ein Gemälde mit der Darstellung des schwarzen Bären anfertigen und hing es zum Andenken über seine Eingangstür. Von da an bekam die Mühle einen neuen Namen: die Bärenmühle. Dieses Ereignis soll sich im Jahr 1660 zugetragen haben.

 stand.ort

4, Operngasse 18–20 / Bärenmühldurchgang
Hier floss einmal ein Mühlbach, der vom Wienfluss abgeleitet wurde. An diesem Mühlbach standen die Bärenmühle und ein dazugehöriges Gasthaus. Der Wienfluss ist inzwischen in ein unterirdisches Bett verbannt worden. Darüber befinden sich Straßen und der Naschmarkt. Bei dem Haus in der Rechten Wienzeile 3 liegen unter dem heutigen Straßenniveau noch Reste der alten Bärenmühle.

KÄRNTNERTOR-VIERTEL | daten & fakten | 10

Hauszeichen „Bärenmühle", seit dem Jahr 1937

Der Name der Bärenmühle soll auf einen nächtlichen Überfall eines Bären auf den Müllermeister (angeblich im Jahr 1660) zurückgehen. Zur Erinnerung an dieses sagenhafte Geschehen hat man an dem Haus Operngasse 18–20 ein großes Steinrelief angebracht.

tipp!

Mühlen galten oft als unheimliche Orte, und heute ist diese Ecke auch nicht unbedingt ein Wohlfühlplatz. Wer die Gedenktafel nicht besichtigen möchte, kann in einen Wienplan hineinschauen: Die Gassennamen wie Mühlgasse, Heumühlgasse und Schleifmühlgasse erinnern noch daran, das hier entlang des Wienflusses bis in das Jahr 1856 viele Mühlräder klapperten. Die Mahlmühlen lieferten das Mehl für das wichtigste Grundnahrungsmittel: das Brot. Heute ist der Wienfluss stellenweise eingewölbt, dadurch wurden größere Verkehrsflächen gewonnen.

was geschah wirklich?

Als vor 900 Jahren die ersten Mühlen am Wienfluss angelegt wurden, war der Wienerwald noch ein richtiger Urwald, bewohnt von Wolf, Bär, Fuchs und Luchs. Solche Tiere sind nicht ungefährlich, die Menschen jagten sie daher unerbittlich. Und in kalten Wintern drangen Wildtiere immer wieder bis in das Siedlungsgebiet um Wien ein – im Jahr 1715 soll der letzte Bär in Hütteldorf gesehen worden sein. Das bewegte die Menschen sehr, in jener Zeit erhielt ein Wirtshaus, das neben einer Mühle nahe dem Kärntnertor neu gebaut worden war, das Hauszeichen „Zum schwarzen Bären". Die Bärenmühle hat also ihren Namen nicht von einem nächtlichen Bärenüberfall bekommen, sondern nachweislich von dem daneben befindlichen Wirtshaus.

10 daten & fakten | KÄRNTNERTOR-VIERTEL

 sagenhaftes + wunderliches

Im alten Wien waren die Häuser nicht nummeriert, sondern jedes Haus hatte einen Hausnamen mit einem Zeichen, das sichtbar an der Hauswand angebracht war wie zum Beispiel „Zum roten Igel", „Zur schönen Laterne" (siehe sagen.weg Stubentor-Viertel), „Zum Lindwurm" (siehe SAGE 17) oder „Zum Basilisken" (siehe SAGE 13). Die Gassen und Plätze waren daher voll mit wundersamen Bildern und Skulpturen; oft ragte sogar über dem Eingangstor eine besonders künstlerisch gestaltete Darstellung heraus.

Der Bär gehörte zu den beliebtesten Tieren unter den Hauszeichen. Damit die Häuser nicht verwechselt wurden, gab es ein Haus „Zum Bären", ein anderes hieß „Zum goldenen Bären", wieder ein anderes „Zum braunen Bären". Das Wirtshaus neben der Mühle hatte als Hausschild einen schwarzen Bären.

Ursprünglich bedeutete der Bär für die Menschen ein heiliges Tier. In den Religionen der Indianervölker ist er es heute noch. In Europa allerdings wurde der Bär in der Gedankenwelt christlicher Kirchenmänner zu einem anderen Sinnbild umgedeutet. In dieser christlichen Bilderwelt nahm der Bär das Symbol für ein böses Tier ein: für eine Bestie, die mit ihrer plumpen Kraft alles niederreißen kann. Doch sogar fromme Hausbesitzer haben sich anscheinend von solchen Vorstellungen nicht beeindrucken lassen. Sie setzten gerne als Schutz- und Segenszeichen eine Bärendarstellung über ihre Eingangstür.

Die Kärntnervorstadt (im Vordergrund) lag vor den Toren Wiens. Die Stadtmauer mit ihren Zinnen ist klar zu erkennen, dahinter breitet sich die Stadt aus.
(Ausschnitt des Tafelbildes „Flucht nach Ägypten", Wien 1470–1480, Meister des Schottenaltars. Museum im Schottenstift, Wien)

98

KÄRNTNERTOR-VIERTEL | daten & fakten 10

geschichte.spezial
Die Bärenmühle gehörte zu den bekanntesten Mühlen am Wienfluss. Die Mühlräder wurden von einem künstlich angelegten Mühlbach angetrieben. Die Bauern brachten ihr Getreide in die Mühle, und gemeinsam mit den Mühlknechten wurde das Korn zu Mehl verarbeitet.

Für Übernachtungen und Mahlzeiten standen den Mühlgästen eigene Rastplätze und Wirtshäuser neben den Mühlen zur Verfügung. Dort ging es oft lustig zu. An langen Abenden wurden gerne allerhand spannende Geschichten erzählt, wie zum Beispiel von gefährlichen Bären, grantigen Müllern und mutigen Mühlknechten. Die Bärenmühle wurde im Jahr 1856 abgerissen, später der Mühlbach zugeschüttet – heute erinnert noch die Mühlgasse an seinen Verlauf.

11

Diese lebensgroße Holzfigur stellt die heilige Maria mit dem Jesuskindlein dar. Sie wurde vermutlich vor über 650 Jahren von einem Künstler gestaltet und stand im Himmelpfortkloster. Obwohl sie hier als Himmelskönigin mit Krone und Zepter zu sehen ist, wird über sie die Legende erzählt, dass sie für eine junge und schöne Nonne sieben Jahre lang den Dienst im Kloster verrichtet hat.

Die „Himmelspförtnerin" in der Eligiuskapelle des Stephansdoms

Die Himmelspförtnerin

Viele hunderte Jahre lang befand sich in der heutigen Himmelpfortgasse ein Kloster für Frauen. Strenge Regeln herrschten dort: Niemals durfte eine Nonne das Gebäude verlassen. Alle mussten vollkommen zurückgezogen in ihren Zellen leben, nur zum gemeinschaftlichen Gebet kamen sie zusammen.

In den stillen Mauern beherbergten die Klosterschwestern ein besonders altes Gnadenbild, eine lebensgroß geschnitzte Statue der heiligen Maria mit dem Jesuskind. Weil teilweise die Farbe abgeblättert war, konnte man darunter dunkles Holz sehen. Doch so oft die Nonnen auch versucht hatten den Anstrich zu erneuern, die Farbe fiel sofort wieder ab. Da dachten sich die frommen Frauen, die heilige Maria möchte damit andeuten, ihr äußerer Glanz sei nicht wichtig. Die Schwestern beließen die Mutter-Gottes-Statue in ihrem alten Zustand und ernannten sie zu ihrer Hausmuttergottes. Als Zeichen ihrer großen Verehrung sollte sie jeden Tag mit frischen Blumen geschmückt werden.

Eines Tages wurde in dieses von der übrigen Welt vollkommen abgeschiedene Kloster ein Waisenkind aufgenommen. Das Mädchen wuchs zu einer schönen Frau heran. Da sie sich als junge Nonne still und bescheiden in das Klosterleben einfügte, übertrug ihr die Oberin ein schweres Amt: Sie sollte als Pförtnerin den Eingangsbereich des Klosters, also das Tor zur Außenwelt, hüten. In einer feierlichen Handlung bekam sie den großen Schlüsselbund des Klosters anvertraut.

Von nun an saß die Nonne von früh bis spät bei der Klosterpforte. Nur ein kleines, vergittertes Fenster gab ihr einen Ausblick auf die Gasse. Das machte ihr aber nichts aus, fühlte sie sich doch geborgen; und gleichmäßig verrannen die Tage. Jeden Abend verweilte sie vor dem Gnadenbild der Hausmuttergottes, die gleich neben dem Eingang im Mauerbogen stand. Anfangs hatte die schlanke Statue auf die Nonne ziemlich streng und unnahbar gewirkt, war doch die heilige Maria als Himmelskönigin mit Krone und Zepter dargestellt. Wenn sie jedoch während des Blumensteckens zu ihrem Antlitz hinaufsah, bemerkte sie ein mildes und wissendes Lächeln. Die junge Nonne versäumte an keinem Abend, ihr Gebet vor der Hausmuttergottes zu verrichten.

Aber eines Abends im Frühling kam alles anders: Schon tagsüber, als die Nonne die dahinjagenden Wolken am Himmel durch die kleine Luke beobachtete, wurde sie von einem merkwürdigen Gefühl erfasst, das immer stärker wurde. Eine bisher nicht gekannte Sehnsucht erfüllte sie, und ihr Herz begann wild zu pochen. „Wie toll muss es draußen sein", dachte sie immer wieder, „mit anderen Mädchen und Burschen lachen und reden zu können. Einfach tun, was einen freut und Spaß macht!" Jetzt bemerkte sie erst, wie einsam und eingeschlossen sie lebte. Vor lauter Traurigkeit vergaß sie zum ersten Mal, die Blumen bei der heiligen Maria zu ordnen und ihre Andacht zu verrichten. Sie schlich in ihre winzige Zelle und konnte einfach keinen Sinn mehr in ihrem Klosterdasein finden.

Im Schlaf verfolgten sie wilde Träume, immer wieder sprang sie von ihrem Lager auf. Da stand ihr Entschluss fest: Sie wollte frei und ungebunden sein! Mit zitternder Hand langte sie zu dem Ring, an dem alle Klosterschlüssel hingen, und lief zum Tor. Als sie bei der Hausmuttergottes vorbeikam, warf sie sich zu Boden und schluchzte fast unhörbar: „Himmelskönigin! Du Königin der Engel, sieh mich an in meiner Not! Nimm du die Schlüssel deines Hauses und bewache dein Heiligtum." Dann legte die Nonne den Schlüsselbund vor die Gnadenstatue und flüsterte: „Verzeih mir, du Mutter der Barmherzigkeit! Ich kann nicht anders." Heimlich huschte sie hinaus in die dunkle Nacht.

Sieben Jahre waren vergangen – sie hatte viel gesehen und ferne Länder bereist, Freunde gewonnen und wieder verloren. Sie hatte kühne Männer kennen und lieben gelernt, aber auch viele Enttäuschungen hinnehmen müssen. Rastlos hatte sie nach dem wahren Glück gesucht, aber im Getriebe der Welt nicht gefunden. Das laute Getöse hatte sie ermüdet, sie erinnerte sich wieder an die Stille im Kloster, und auch an die friedlich blickende Hausmuttergottes in der Nische beim Klostertor. Nun bereute sie zutiefst, dass sie damals ihre Aufgaben so überstürzt verlassen hatte.

Unter großen Mühen zog die Frau bloßfüßig mit dem Pilgerstab wieder zurück nach Wien. Angst erfüllte sie, ob die strengen Klosterfrauen sie überhaupt wieder aufnehmen würden – nach allem, was geschehen war. Und sie fragte sich, wer von ihren Mitschwestern inzwischen die Arbeit der Pförtnerin übernommen hatte?

Nach vielen Tagen des Wanderns erreichte sie das Kloster. Es war spät, zaghaft klopfte sie ans Tor. Es sprang wie von alleine auf. Eine lichte Gestalt strahlte in himmlisch-goldenem Glanz in der dunklen Öffnung. Sie ahnte, dass nur die heilige Maria vor ihr stand. „Komm herein", sagte diese freundlich, „niemand weiß, dass du fort gewesen bist. Ich habe während deiner Abwesenheit für dich die Pforte gehütet." Da sank die Frau in die Knie, und Maria sprach: „Ich habe dir verziehen, denn du warst in deinem Herzen stets gut."

KÄRNTNERTOR-VIERTEL | daten & fakten | 11

Eine Gasse im mittelalterlichen Wien. Sie nimmt ihren Verlauf in Richtung Sankt Stephan.
(Ausschnitt des Tafelbildes „Heimsuchung Mariens", Wien 1470–1480, Meister des Schottenaltars. Museum im Schottenstift, Wien)

Als die Nonne in ihre Zelle kam, fand sie alles unverändert vor. Gerade rief die Glocke zum gemeinsamen Gebet, sie eilte voll Sorge und Scham in die Kirche. Doch die Schwestern empfingen sie wie immer, und niemand fragte, was sie gemacht hatte und wo sie gewesen war. Nun war sich die Nonne sicher, dass die heilige Maria sie sieben Jahre lang vertreten hatte.

Die Anstrengungen waren für die Nonne zu groß, sie fühlte sich zutiefst erschöpft und krank. Am nächsten Tag bat sie die Oberin und alle Mitschwestern zu sich ans Bett. Sie berichtete ihnen nun von der Flucht aus dem Kloster und ihren Erlebnissen in der Welt während der letzten sieben Jahre. Die Schwestern waren sprachlos, keine von ihnen konnte ihre Erzählung glauben. Sie beteuerten, sie hätten sie täglich bei der Pforte gesehen. Doch die Nonne beharrte auf ihren Worten, und bald gelang es ihr, die Staunenden zu überzeugen. Anschließend fiel sie in einen tiefen Schlaf aus dem sie nicht mehr erwachte.

Wie ein Lauffeuer verbreitete sich in Wien dieses Wunder. In Erinnerung an diese Begebenheit nannten die Leute diese besondere Gnadenstatue „Die Himmelspförtnerin" vom Himmelpfortkloster.

stand.ort
1, Himmelpfortgasse 7–11, Ecke Rauhensteingasse

An dieser Stelle befand sich rund 550 Jahre lang das Himmelpfortkloster. Es wurde vor ungefähr 220 Jahren aufgelöst. Von diesem Frauenkloster haben sich heute lediglich im Innenhof des Hauses Nummer 9 eine gemalte Sonnenuhr und ein Brunnen erhalten. Hier stand auch einmal das Pförtnerinnenhaus. Die gesamte Anlage war bedeutend größer und reichte bis zur Ballgasse. Das Kloster besaß eine berühmte Marienstatue, die Himmelspförtnerin oder Hausmuttergottes genannt wurde. Sie ist heute in der Eligiuskapelle der Domkirche Sankt Stephan aufgestellt (siehe sagen.weg Mitte von Wien).

was geschah wirklich?

Das Himmelpfortkloster wurde vor ungefähr 770 Jahren von einer prominenten Dame gegründet: Sie hieß Constantia, war die Tochter eines ungarischen Königs und heiratete den böhmischen König Ottokar I. Nach dessen Tod wollte sie sich in ihrem Kloster vollkommen von der Welt zurückziehen. Daher herrschten im Kloster anfänglich für die Frauen strenge Regeln. Die Nonnen durften bis an ihr Lebensende das Kloster nicht mehr verlassen und hatten sich ausschließlich dem Gebet und der Meditation zu widmen. Sie wurden auch die Eingeschlossenen genannt. Durch ihre intensive Frömmigkeit gingen sie – bildlich gesprochen – bereits hier auf Erden durch die Himmelspforte.

Das Himmelpfortkloster bestand aus vielen Gebäuden: Der Eingang der Klosterkirche befand sich in der Rauhensteingasse. Gegenüber lag ein Gerichtshaus – zu erkennen an der Kreuzigungsgruppe über dem Eingangstor. Das Pförtnerinnenhaus, das in der Sage eine Rolle spielt, war an der Stelle, wo heute das Haus Nummer 9 in der Himmelpfortgasse steht. Inzwischen sind diese Gebäude längst verschwunden.

Die Gründerin des Himmelpfortklosters konnte allerdings diese beschauliche Einsamkeit nicht ertragen. Constantia verließ das Kloster wieder und kehrte in ihre Heimat Ungarn zurück. Dieser Umstand hat sicherlich zur Sagenbildung beigetragen. Doch gibt es noch viele andere Motive: So spiegelt die Sage das Schicksal vieler Frauen und Mädchen aus früheren Jahrhunderten wider, die gegen ihren Willen in das Kloster gehen mussten, weil sie sonst unversorgt geblieben wären. Und dann gab es in diesem Kloster eine besonders schöne Marienstatue, die von der Bevölkerung sehr verehrt wurde …

sagenhaftes + wunderliches

Die Marienstatue ist erst einige Jahrzehnte nach der Gründung des Himmelpfortklosters geschaffen worden. Sie zeigt die heilige Maria als Himmelskönigin: Sie ist mit einer Krone geschmückt, in der linken Hand hält sie mit einer gewissen Leichtigkeit das Zepter, während sie im anderen Arm das Jesuskindlein trägt. Sie wurde Hausmuttergottes genannt oder auch – nach ihrem Standort – Himmelspförtnerin.

Als die lebensgroße Statue noch im Himmelpfortkloster aufgestellt war, erfuhr sie eine große Verehrung: Es wurde ihr wundertätige Hilfe bei schrecklichen Kinderkrankheiten sowie bei der Pest zugeschrieben. Damals bedruckte man Leinenhäubchen mit dem Gnadenbild der Himmelspförtnerin, die dann den Babys wie ein Amulett zum Schutz aufgesetzt wurden. Auch die Herrscherin Maria Theresia wandte sich vor jeder Geburt eines Kindes im Gebet vertrauensvoll an die Himmelspförtnerin.

Das Kloster war allerdings nur für Nonnen und für einen ausgewählten Personenkreis zugänglich. Die anderen Leute von Wien bekamen trotzdem eine Gelegenheit, die heilige Statue zu sehen: Jedes Jahr im August wurde sie für neun Tage aus dem Himmelpfortkloster in den Stephansdom getragen und dort zur Andacht aufgestellt. Nach der Schließung und Zerstörung des Himmelpfortklosters vor ungefähr 220 Jahren erhielt die Himmelspförtnerin dann dort ihren bleibenden Platz.

geschichte.spezial
Die Geschichte des Himmelpfortklosters war sehr wechselhaft: Im Jahre 1230 von Constantia gegründet, ist es zehn Jahre nach ihrem Tod in Ungarn fast wieder verfallen. Durch Schenkungen entwickelte es sich dann aber zu einem reichen Frauenkloster. Die ehemalige Vorstadt Himmelpfortgrund im heutigen 9. Bezirk war nach diesem Kloster – das dort Grundstücke besaß – benannt. Im Jahre 1782 verfügte Kaiser Josef II. die Aufhebung aller Klöster, die sich nicht der Krankenpflege oder Jugenderziehung widmeten. So wurde 1783 das Himmelpfortkloster geschlossen, die Kirche und die Gebäude mussten geräumt und für Privatwohnungen umgebaut werden.

Die berühmte Gnadenstatue „Die Himmelspförtnerin" blieb erhalten. Die Wissenschaftler sind sich nicht ganz einig wie alt diese Marienfigur ist. Sie gehört dem frühgotischen Typus an und kommt vermutlich aus der Zeit um 1280/90, sie kann aber auch um 1330 entstanden sein. Die Probleme bei den Zeitangaben kommen daher, dass die Statue vor 100 Jahren restauriert und dabei vollkommen neu übermalt wurde. Ihre Größe beträgt 160 cm, sie besteht aus Holz. In alten Zeiten war sie manchmal auch mit richtigen Kleidern angezogen.

12

240 Jahre lang stand dieses bemalte Haus in der Kärntner Straße, bis es im Jahre 1749 abgerissen wurde. Es war über und über mit merkwürdigen Bildern bemalt und erhielt deshalb den Namen „Hasenhaus". Werden im wirklichen Leben immer die Hasen von den Hunden gehetzt und von den Jägern erschossen, so ist bei diesen Darstellungen alles verkehrt: Die bewaffneten Hasen sind hinter den Menschen mit ihren Hunden her. In der Mitte des Hauses – oberhalb des Eingangtores über dem zweiten Stockwerk – ist deshalb auch ein Narrenkopf zu erkennen, der mit einem Häschen diskutiert.

Das Hasenhaus. Aquarell von Salomon Kleiner aus dem Jahre 1749 (Historisches Museum der Stadt Wien am Karlsplatz)

Das Hasenhaus

Der junge Graf saß bei seinem Frühstück, aber es schmeckte ihm gar nicht. Denn die letzte Nacht hatte er mit seinen Freunden beim Würfelspiel verbracht und dabei gehofft Geld zu gewinnen. Stattdessen hatte er aber ständig Geld verloren – viele Silbermünzen, die bereits geborgt waren. Nun war er finanziell am Ende. In elf Tagen musste er seinen Gläubigern große Summen zurückgeben: Die Frist wäre sonst abgelaufen.

Nervös fuhr er sich mit den Fingern durch den Schnurrbart – wie sollte er die hohen Schulden bezahlen? Er fürchtete, sein schönes Haus zu verlieren. Bis jetzt hatte er den Schein nach außen wahren können und immer so getan, als wäre alles in Ordnung. Seine Familie und er lebten fürstlich in dem stattlichen Haus in der Kärntner Straße, das er von seinem Vater geerbt hatte. Auch fehlte nichts an schöner Kleidung oder kostbarem Geschirr: Er kaufte weiterhin feines Tuch aus Flandern und kunstvolles Glas aus Venedig.

Der Gedanke, dass nun sein Haus versteigert werde, er Wien verlassen müsse und ein schreckliches Gerede über ihn entstehen würde, brachte ihn zum Schwitzen. Immer wieder strich er sich über den Bart und grübelte weiter, wie er dieser Schande entgehen könne. Plötzlich lachte er auf: Warum war ihm dieser Gedanke nicht schon früher eingefallen? Er könnte doch das dringend benötigte Geld selber heimlich herstellen! Natürlich war Falschmünzerei streng verboten; aber um Gesetze dieser Art kümmerte er sich wenig.

Der Pfennig aus Silber von der Münzstätte Wien trägt als Münzbild den Kopf eines Steinbocks. Solche Pfennige hießen deshalb auch Böckler.

Der Zeitpunkt war äußerst günstig für ein solches Vorhaben: Im Geldwesen herrschte Unordnung, und in Wien waren die verschiedensten Münzen im Umlauf. Sogar schlichte Metallplättchen, zu denen die Leute abfällig Schinderlinge sagten, konnten zum Bezahlen benutzt werden. Sie waren billiger und rascher zu machen als die schön gestalteten Münzen mit einem komplizierten Münzbild.

Dieses Geldstück aus Silber weist kein Münzbild auf und wurde etwas abfällig „Schinderling" genannt.

Dem Grafen schien es sehr einfach, heimlich solche Schinderlinge im Keller seines Hauses zu prägen, und sie dann als Zahlungsmittel zu verwenden. Immerhin genoss er noch großes Ansehen, und niemand käme auf die Idee, ihn – den Grafen – als Fälscher anzusehen. Und so war es auch. Unter seiner Dienerschaft fand sich ein Mann, der sich mit der Arbeit des Münzens auskannte. Die wenigen dazu nötigen Geräte wie Blechschere, Holzpflock, Hammer und einiges mehr waren bald im Dunkeln herbeigeschafft.

Bei seiner verborgenen Münzfälscherei fiel für den Grafen in kürzester Zeit ein satter Gewinn ab. Doch dem Münzmeister von Wien, der für das Geldwesen verantwortlich war, fiel die plötzliche Vermehrung der Schinderlinge auf. Bald drohte das ganze Geldwesen zusammenzubrechen, so viele Schinderlinge waren bereits im Umlauf! Der Münzmeister musste handeln und sprach persönlich beim Kaiser vor, um ihm diese merkwürdige Entwicklung zu melden. Kaiser Maximilian I. wurde sehr zornig darüber und ordnete in der Stadt strenge Nachforschungen an.

Nun hatten einige Nachbarn des Grafen immer wieder während der Nacht ein Hämmern gehört. Diese Sache sprach sich herum, und der junge Graf wurde bald überführt. In seinem Haus in der Kärntner Straße fand die Stadtwache das Beweismaterial: einen Münzprägestock und das nötige Werkzeug. Der Münzmeister leitete diesen Vorfall dem Stadtgericht weiter: Denn Falschmünzerei bedeutete ein schweres Vergehen, das mit der Todesstrafe durch Feuer oder durch den Strick geahndet wurde.

Ein Jäger, an dessen Füßen ein schwerer Stein hängt, wird von den Hasen grausam gefoltert. Ein Hase schreibt das Geständnis des Verurteilten auf, während in der Mitte des Raumes bereits der Henker wartet.
(Ausschnitt: Wandmalerei des Hasenhauses)

Doch der Graf wollte weder verbrannt noch gehängt werden und ließ nichts unversucht, sein Leben und seine Güter zu retten. Unermüdlich beschwor er seine Verwandten und adelige Familien der Stadt, doch um seine Begnadigung beim Kaiser anzusuchen. Zwar konnten die meisten seiner Bekannten den Grafen nicht besonders leiden, aber niemand von ihnen wollte an seinem Tod schuldig sein. Deshalb reichten sie eine Bittschrift bei Kaiser Maximilian ein, um den Grafen vor einem leidvollen und grausamen Ende zu bewahren.

Kaiser Maximilian sprach lange mit seinen Richtern und hob dann das Todesurteil auf. Allerdings bestand der Kaiser auf einer Bestrafung, die den Grafen sowie die Wiener immerwährend an dieses Verbrechen erinnern sollte. Das Urteil des Kaisers lautete folgendermaßen: Der Beschuldigte hat lebenslänglich sichtbar als Zeichen seiner Schandtat einen roten Strick um den Hals zu tragen. Und da der Graf sein Leben nicht am Galgen lassen musste, soll zumindest an seinem Haus in der Kärntner Straße als ewige Mahnung ein Galgen und ein Rad aufgemalt werden.

Der Hasenkönig zu Pferde und sein Hasengefolge jagen die Menschen, die sich wegen der aufgespannten Netze nicht mehr retten können.
(Ausschnitt: Wandmalerei des Hasenhauses)

Ein Verurteilter wird von einem Hasen enthauptet. Im Hintergrund der Stephansdom. (Ausschnitt: Wandmalerei des Hasenhauses)

Es wäre nicht der Graf gewesen, wenn er nicht noch auch aus diesen kaiserlichen Weisungen das Beste für sich herausgeschlagen hätte: Es gelang ihm, die Erlaubnis zu erhalten, statt eines auffallenden blutroten Strickes um den Hals eine goldene Schnur tragen zu dürfen. Und für die Bemalung seines Hauses dachte sich der Graf etwas Besonderes aus: Er engagierte einen Künstler, der die Fassade über und über mit Bildern von Hasengeschichten bedeckte, in denen die Darstellungen des Galgens und Rades auf witzige Weise eingebunden waren. Jeder Vorbeigehende bewunderte die neuen köstlichen Bilder und dachte keinen Augenblick mehr an die bösen Taten des Grafen.

Diese Hasenszenen zeigten genau das Gegenteil der wirklichen Welt. Die Hasen schlüpfen aus ihrer Rolle der Gejagten und übernehmen das Kommando. Nun fangen die Hasen den Menschen, braten und verspeisen ihn während eines Siegesfestes unter den Klängen festlicher Tafelmusik. Der Hasenkönig mit Krone und Zepter lässt sogar einige Jäger hinrichten. In der Mitte des Hauses sieht aus einem gemalten runden Fenster ein Narr mit einem Häschen auf das Treiben in der Kärntner Straße herab.

Sooft der Graf sein Haus betrat, blickte er stolz auf diese Wandbilder und strich sich dann zufrieden über seinen Schnurrbart. Die Leute in Wien erzählten sich aber, der Graf wollte mit den Hasenmalereien andeuten, dass seine Richter Hasenköpfe gewesen wären, da sie ihn freigelassen hätten.

daten & fakten | KÄRNTNERTOR-VIERTEL

stand.ort
1, Kärntner Durchgang, zwischen Kärntner Straße 8–10

tipp!
Das Hasenhaus wurde vor mehr als 250 Jahren versteigert und von seinem neuen Besitzer demoliert. Das große Gebäude reichte von der Kärntner Straße bis zur Seilergasse. Heute steht auf seinem ursprünglichen Platz kein Haus, da ein Durchbruch in die Häuserzeile der Kärntner Straße zur Seilergasse geschaffen wurde. Das Hasenhaus lag im Bannkreis des nur 100 Meter entfernten Wahrzeichens Stock-im-Eisen.

Dieses mit Eisen beschlagene Rad diente bei der Todesstrafe zur Zerschmetterung der Glieder. Die Verurteilten litten beim Rädern unglaubliche Schmerzen, bis sie dann meist in Ohnmacht fielen. (Rad, oder auch Brechel genannt, 18. Jahrhundert. Historisches Museum der Stadt Wien)

was geschah wirklich?
Die Sage versucht, die Entstehung der Wandmalereien des ehemaligen Hasenhauses zu begründen. Nun gehörte tatsächlich vor seiner Bemalung das Haus einem Mann, der im Jahre 1501 hingerichtet werden sollte: Er entzog sich diesem Urteil durch Selbstmord. Er hieß Hanns Waldner und war von Beruf Kanzler in den niederösterreichischen Landen. Doch nicht wegen Geldfälscherei kam er vor den Richter, sondern wegen Hochverrat und Bestechung.

Damals regierte Kaiser Maximilian I., der den Beinamen „der letzte Ritter" erhielt. Der Kaiser beanspruchte das Haus des Verbrechers Waldner in der Kärntner Straße für sich und gab ihm eine neue Bestimmung: Er richtete darin ein neues Amt für die Jagdverwaltung ein, das so genannte Haspelmeisteramt. Damit der mit dem Haus verbundene Name Waldner aus dem Gedächtnis der Menschen gelöscht werde, beauftragte der Kaiser persönlich im Jahre 1509 die auffällige Bemalung der Fassade mit Hasen, Jägern und Hunden – die Bezeichnung „Hasenhaus" setzte sich bald durch.

sagenhaftes + wunderliches
Als Hasenfuß wird auch heute noch jemand bezeichnet, der gerne unangenehmen Tatsachen aus dem Weg geht. Auch gab es früher die Redewendung „einen Hasenfuß in der Tasche führen", was so viel bedeutet, dass derjenige eine Narrheit mit sich trägt, die er versteckt und vor den anderen verborgen hält. Am Hasenhaus war auch ein Narrenkopf in der Mitte angebracht.

Narrenkopf in der Mitte des Hasenhauses

Die Wandmalereien des Hasenhauses zeigen eine verkehrte Welt, die den Betrachter zum Staunen und auch zum Lachen bringen soll. Dahinter steckt jedoch ein tiefer Sinn: Der Stärkere ist plötzlich in der Rolle des Schwächeren. Im Hasenstaat werden die Menschen heimtückisch von den Hasen mit Netzen gejagt, gefangen, erschossen und zu feinen Pasteten verarbeitet.

Die Umkehrung geltender Zustände – die verkehrte Welt – haben künstlerische Menschen nicht nur in Wien, sondern weltweit in vielen Erzählungen und Bildern dargestellt. Und zwar meist dann, wenn es ihnen schlecht ging; also wenn Krieg, religiöse Unruhen und Wirren herrschten. Denn um den Weg zum richtigen Handeln finden zu können, ist es oft notwendig, sich in die Lage des anderen hineinzudenken. Im vertauschten Rollenspiel wird der Hase zum Menschen, der König zum Diener und – die Kinder spielen für einen Tag Eltern und umgekehrt.

Als das Hasenhaus bemalt wurde, begann eine neue Epoche. Das Mittelalter war endgültig abgeschlossen, die Neuzeit folgte. Kaiser Maximilian I., der letzte Ritter, herrschte in dieser Zeitenwende. Die Darstellungen des Hasenhauses mit den Motiven der verkehrten Welt erzählen von der Suche nach der Wahrheit in schwierigen Zeiten.

geschichte.spezial

In dieser Sage zum Hasenhaus werden zwei Reformen des Kaisers Maximilian I. angesprochen: Er veränderte das Jagdwesen nach neuen Grundsätzen, und er führte eine neue Münzordnung ein. Es gab allerdings bereits vor der Regierungszeit von Maximilian I. und auch nachher immer wieder Zeiten schlimmer Zerrüttung des Geldwesens. In der Sage fließen Vergangenheit und Zukunft ineinander: Besonders viele Schinderlinge wurden offiziell in der Münzstätte Wien um 1460 hergestellt. Manchmal gab es neben dem kaiserlichen Münzhaus noch andere Örtlichkeiten in Wien, wo Münzen geprägt wurden. Berüchtigt wurde Graf Paul Sixtus Trautson, der im Jahre 1619 in der Himmelpfortgasse – heute befindet sich dort das Finanzministerium – eine private Münzstätte eingerichtet hat. Es gab große Klagen über ihn, da er ein sehr einträgliches, aber undurchschaubares Geschäft mit seinen Münzen machte. Doch konnte sich Graf Trautson immer allen Vorwürfen entziehen – seine Gestalt dürfte in der Sage einen Niederschlag gefunden haben. In den ersten Jahrzehnten des 17. Jahrhunderts wurden in Wien zwei wirkliche Falschmünzer entlarvt; der eine war Arzt, der andere ein kaiserlicher Rat.

STUBENTOR-VIERTEL

sagen.weg

ausgangs.punkt
1, Ecke Wollzeile, Stubenbastei, Dr.-Karl-Lueger-Platz

end.punkt
1, Schwedenplatz

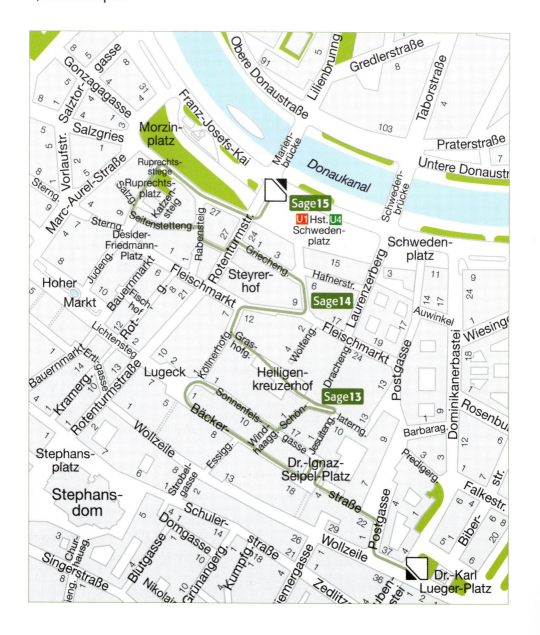

STUBENTOR-VIERTEL | sagen.weg

Das mittelalterliche Stubentor mit dem Stubenturm befand sich als Teil der Ringmauer zwischen den heutigen Häusern Wollzeile 38 und 39. Es wurde im Jahr 1563 abgebrochen. Ein neues Stubentor – allerdings ohne Turm – ersetzte es. Der Verlauf des Straßenzuges Wollzeile hat sich seit dem frühen Mittelalter bis heute nicht verändert. In der Nähe des Stubentores befand sich früher die Universität. Ob im Mittelalter das Stubentor seinen Namen von den umliegenden Badstuben bekommen hat, ist bis heute nicht vollkommen geklärt. Denn Badstuben gab es damals in der ganzen Stadt verstreut. Ende des 14. Jahrhunderts wurden 27 öffentliche Bäder in der Stadt gezählt. Doch in der Umgebung des Stubentores konnten warme Quellen zum Baden genutzt werden. Außerdem dürfte es in diesen Badstuben sehr lustig zugegangen sein, wurden sie doch auch von den Studenten der in der Nähe liegenden Universität besucht. Der Versammlungsort des Stubentor-Viertels war das Lugeck.

1, Ecke Wollzeile, Stubenbastei, Dr.-Karl-Lueger-Platz
Hier wurde das neuzeitliche Stubentor in den Jahren 1555–1566 gebaut. Das Stubentor war in der Festungsmauer eingelassen. Als die Ringstraße geplant wurde, mussten Stubentor und Mauer im Jahre 1859 niedergerissen werden; doch ihre Fundamente blieben in der Erde. Diese sind heute wieder freigelegt und bilden einen Teil der U-Bahnstation. Das Ziegelmauerwerk ist ungefähr 450 Jahre alt.

Postgasse 2–4
Dominikanerkloster und Dominikanerkirche

Dr.-Ignaz-Seipel-Platz
Nr. 1 und 2: Hier befand sich früher die alte Universität. Heute ist das prächtige Gebäude Sitz der Österreichischen Akademie der Wissenschaften. An der Stelle des ehemaligen Studentenheimes – der Bursa – wurde in der Barockzeit die Jesuitenkirche errichtet. Im Kircheninneren ist im Fußboden des Mittelschiffes ein hellerer Stein eingelassen. Wenn man sich auf diesen stellt und hinaufschaut, glaubt man scheinbar in eine herrliche Kuppel zu blicken. In Wirklichkeit ist die Scheinkuppel auf einer ebenen Decke aufgemalt.

Bäckerstraße
Nr. 16: In diesem Haus wohnte die „Schmauswaberl" – eigentlich hieß sie Barbara Roman –, die an Studenten billig Essen verkaufte. Sie holte sich dafür die Reste von

der kaiserlichen Hoftafel. Bis vor 120 Jahren durften ausschließlich Männer studieren.

Nr. 12: Hauszeichen „Allwo die Kuh am Brett spielt", Fresko aus dem Beginn des 17. Jahrhunderts. Das Bild versinnbildlicht den Religionsstreit der Katholiken mit den Evangelischen um den rechten Glauben.

Bei der Darstellung des Hauszeichens „Allwo die Kuh am Brett spielt" spielen Wolf und Kuh miteinander Backgammon.

Nr. 9 „Huckepackhaus": Eine Sage erzählt von einem merkwürdigen Skelett, das auf den Rücken einer Frau huckepack aufgesprungen sein soll. Die gespenstische Erscheinung habe sie dann gezwungen, sie mit nach Hause zu nehmen. Der Geist soll sodann erlöst worden sein.

Nr. 7 Renaissancehof: In diesem schön gelegenen Hof hängen an den Wänden Beispiele ausgesuchter Schmiedeeisenkunst aus der Sammlung des Wiener Malers Friedrich Amerling. Auf der rechten Seite ist noch der alte Stall zu erkennen, in dem früher die Pferde getränkt und gefüttert wurden. In der Zeit ohne Auto bedeutete das Pferd eine unentbehrliche Hilfe für den Menschen – die Tiere lebten mitten in der Stadt.

Lugeck

Das Lugeck war der Versammlungs- und Alarmplatz der Bewohner des Stubentor-Viertels. Um diesen Platz ranken sich viele Sagen.

Nr. 5 Wohnhaus: Früher befand sich hier das Haus mit dem sonderbaren Namen „Zum schmeckenden Wurm", das bis zur Wollzeile Nummer 5 reichte. Die Sage erzählt, dass in diesen Kellern ein Lindwurm gehaust haben soll, der einen widerlichekligen Gestank verbreitet habe – schmecken bedeutete früher einmal auch so viel wie riechen, also stinken.

Sonnenfelsgasse

Nr. 3: Hildebrandthaus mit dem Zwölfapostelkeller

STUBENTOR-VIERTEL | sagen.weg

Schönlaterngasse

Der Gassenname leitet sich von dem Hauszeichen „Zur schönen Laterne" ab.

Nr. 13 Totendoktorhaus: Ein Arzt wollte einer Sage nach den Tod überlisten, um einen Sterbenskranken zu retten und viel Geld dafür kassieren zu können. Er büßte diese Tat mit seinem eigenen Leben.

Nr. 9: Die Alte Schmiede

Nr. 7: Hauszeichen „Zum Basilisken" (siehe SAGE 13).

Nr. 6: Hauszeichen „Zur schönen Laterne". Die originale Laterne befindet sich im Historischen Museum der Stadt Wien am Karlsplatz.

Nr. 5 Heiligenkreuzerhof: Hier hatte das im Wienerwald gelegene Stift Heiligenkreuz schon im Mittelalter seine Besitzungen, die bereits vor 800 Jahren erwähnt wurden. Im Hof beim Eingang zur dritten Stiege ist eine freigelegte Mauer aus der Zeit der Babenbergerherzöge (siehe sagen.weg Schottentortor-Viertel, SAGE 7 und SAGE 19) zu sehen.

Nach dem Hauszeichen „Zur schönen Laterne" wurde die Gasse benannt.

Fleischmarkt

Vor ungefähr 750 Jahren stellten die Fleischhacker auf dieser Straße Wiens ihre Verkaufstische auf.

Nr. 11 Griechenbeisl: Seit dem 15. Jahrhundert war in diesem Haus bereits ein Gasthof eingerichtet. Auch der Liebe Augustin soll hier dann und wann aufgespielt haben (siehe SAGE 14).

Griechengasse

Hier siedelten sich im alten Wien griechische Kaufleute an. Der geknickte Gassenzug bekam bei seiner Restaurierung erneut ein schönes altes Kopfsteinpflaster. Am Rand sind viele Prellsteine angebracht, die in alten Zeiten die Hauswände gegen das Anfahren der Fuhrwerke schützen sollten.

Nr. 7: Im Hof des Hauses befindet sich ein gotischer Wohnturm. Im Mittelalter standen viele solche Türme in der Stadt.

Nr. 4 Steyrerhof: An der Fassade wurden verschiedene Bauphasen aus dem 13. bis zum 19. Jahrhundert freigelegt. Zu diesem Gebäudekomplex gehörte auch einmal ein Wohnturm, der Ende des 16. Jahrhunderts bei einem Erdbeben einstürzte. Dabei, so erzählt eine Geschichte, fiel ein Knecht vom obersten Stockwerk mitsamt seinem Bett auf die Straße. Doch er blieb wie durch ein Wunder völlig unverletzt.

Rabensteig

Die Gasse folgt in ihrem Verlauf noch heute der ehemaligen abgerundeten Nordostecke der mittelalterlichen Stadtmauer.

Nr. 8: Hier stand früher an der Ecke zum Franz-Josefs-Kai 27 das Haus „Schab-den-Rüssel". Die Sage handelt von einem Teufelsbündnis. Doch erhielt das Haus in Wirklichkeit seinen Namen nach dem Besitzer Michel Schabenrüssel, der ein reicher Salzhändler war.

Seitenstettengasse

Bis zum Jahr 1827 hieß die Gasse Katzensteig.

Nr. 4: Hinter der Fassade dieses bürgerlichen Stadthauses verbirgt sich die älteste noch existierende Synagoge Wiens, die heute das Zentrum des jüdisch-religiösen Lebens in Wien bildet. Dieser Stadttempel wurde von dem Architekten Josef Kornhäusel errichtet und im Jahr 1826 eröffnet. Nach den damaligen Bauvorschriften für nichtkatholische Gotteshäuser durfte die Synagoge von der Straße nicht einsehbar sein.

Nr. 2: Der so genannte Kornhäuselturm war mit seinen neun Geschoßen das erste Hochhaus in Wien. Josef Kornhäusel hat sich diesen Atelierturm in den Jahren 1825/27 – also zur Biedermeierzeit – errichtet. An dieser Stelle befand sich vor 800 Jahren die Judenschule der ältesten Judenansiedlung in Wien.

Ruprechtsplatz

Nr. 1: Früher stand hier das Praghaus: 1406 stürzte sein Besitzer Herzog Wilhelm unglücklich vom Pferd. Angeblich wachte sein zahmer Löwe neben seinem Totenlager und nahm aus Kummer über den Verlust seines Herrn keine Nahrung mehr zu sich – bis er schließlich verstarb. Ab 1504 befand sich hier auch das kaiserliche Salzamt.

Rektoratskirche Sankt Ruprecht: Ursprünglich war die Ruprechtskirche von Wohnhäusern eng umschlossen. Der Sage nach wurde sie von Cunald und Gisalrich, zwei Freunden des Kirchenpatrons Rupert, im Jahr 740 gegründet. Rupert war der

STUBENTOR-VIERTEL | **sagen.weg**

Heilige der Salzschiffer, die mit ihren Booten auf der Donau die lebensnotwendige Ware Salz – auch weißes Gold genannt – nach Wien brachten. Die Wienforscher nehmen an, dass die Kirche entweder in den Jahren 796 bis 829, oder erst um 1000 gegründet worden ist. Die Ruprechtskirche gilt als die älteste Kirche in der Stadt, sie besitzt die ältesten Glasfenster von Wien und die ältesten Glocken. Dort befand sich früher das ältestes Kruzifix, das heute allerdings im Mölkerhof zu sehen ist (siehe sagen.weg Schottentor-Viertel).

Franz-Josefs-Kai

Nr. 21: Ein großes Relief über dem Eingangstor erinnert an das ehemalige Haus mit dem Namen „Küß-den-Pfennig" (siehe SAGE 15).

13

Fassade des Hauses Wien 1, Schönlaterngasse 7

Das bekannteste Hauszeichen von Wien ist der Basilisk in der Schönlaterngasse. Er soll hier sein Unwesen getrieben haben …

STUBENTOR-VIERTEL | sage 13

Der Basilisk von Wien

Vor vielen hundert Jahren hieß die Gegend, in der sich heute die Schönlaterngasse im sanften Bogen windet, noch „unterm Tempelhof". Hier spielte sich eine entsetzliche Geschichte ab, und das Datum des 26. Juni des Jahres 1212 blieb über Jahrhunderte den Wienern in Erinnerung.

Am frühen Morgen dieses Sommertages war dort aus dem Bäckerhaus ein großes Schreien und Lärmen zu hören. Sofort liefen die Leute aus den umliegenden Häusern herbei, doch das Tor blieb fest verschlossen. Das laute Weinen verstummte aber nicht, und so lief jemand zum Stadtrichter, damit er nachschaue, ob nicht ein Verbrechen geschehen sei.

Endlich erschien der Stadtrichter zu Pferd und verlangte mit lautem Pochen und Rufen Einlass. Der Bäckermeister öffnete mit bleichem Gesicht die Tür. Zögernd begann er vom Geschehnis der vergangenen Stunde zu sprechen: Eine seiner jungen Mägde wollte im Morgengrauen vom neuen Ziehbrunnen im Hof Wasser holen. Wie immer ließ sie den Eimer hinunter, hörte aber diesmal kein Aufplatschen im Wasser.

Da sah sie in den Brunnenschacht hinein, und ein sonderbares Gefunkel und Geglitzer leuchtete verdächtig aus der Tiefe. Neugierig geworden beugte sie sich noch weiter über den Rand, als ihr plötzlich ein grauslicher Gestank entgegenkam. Beinahe wäre sie ohnmächtig in den Brunnen gefallen, wenn nicht genau in diesem Augenblick ein Bäckergeselle vorbeigekommen wäre, der sie noch festhalten konnte. Seither schreie das Mädchen jämmerlich und verzweifelt und werde von heftigen Krämpfen geschüttelt. Nun verstummte der Bäcker in seiner Erzählung und sah den Stadtrichter mit großen Augen an. Nach einem langen Seufzer meinte er dann, seine Frau und er hätten alles versucht, die Magd zu beruhigen – doch absolut nichts habe geholfen.

Der Richter hörte zwar aufmerksam den Bericht an, doch konnte er sich das Geschehen nicht erklären. Auch die umstehenden Leute hatten noch nie Ähnliches erlebt, und niemand wusste Rat. Da trat der jüngste der Lehrbuben des Bäckers hervor und meinte, er würde es wagen, in den Brunnen zu steigen, um der Sache genau auf den Grund zu gehen.

13 sage | STUBENTOR-VIERTEL

Ein Ziehbrunnen aus dem Mittelalter mit einem Brunnenhaus

Nun wurden Stricke herbeigeschafft und eine Pechfackel angezündet, die dem Burschen in der Tiefe des Brunnens leuchten sollte. Zwei starke Männer hielten oben das Seil, an dem der waghalsige Lehrbub hing. Langsam rutschte er in den Schacht. Auf einmal gellte ein angstvoller Schrei aus dem Brunnen, voll Schreck zogen die Männer den Buben rasch wieder herauf – sein Zustand war aber mehr tot als lebendig.

Es dauerte eine Weile, bis der Arme wieder zu sich kam. Er zitterte am ganzen Leib und brachte kein Wort heraus. Nachdem er mit einer Schale Milch gelabt und liebevoll gestreichelt worden war, konnte er wieder reden. Er schilderte, dass am Grund des Brunnens ein furchtbar hässliches Tier sitze. Eigentlich könne er es kaum beschreiben: Es habe in seinem Gehabe etwas von einem Hahn, aber seine Gestalt errege nur Ekel. Auffallend seien seine plumpen, warzigen Füße und sein vielzackiger Schuppenschweif. Auf seinem Haupt sitze ein feuriges Krönchen.

Der Lehrbub beteuerte immer wieder, er habe im Brunnen etwas so Abscheuliches gesehen, das eigentlich nicht vorstellbar sei. Das Schrecklichste seien die glühenden Blicke dieses Ungeheuers, die sein Blut in den Adern habe erstarren lassen. Er habe sofort die Augen geschlossen, doch der widerliche Gestank des Tieres nahm ihm den Atem. Hätten die Männer ihn nicht so rasch heraufgeholt, wäre er sicher gestorben.

Die Bäckersleute und Nachbarn waren nach den Worten des Bäckerbuben ganz außer sich. Vor dem Haus hatte sich inzwischen eine Menge versammelt, die alles genau wissen wollte. Die Geschichte verbreitete sich in der Stadt und lockte immer mehr Menschen zum unteren Tempelhof.

Da erschien ein Mann, der nach seiner Kleidung aus der Fremde kam. Sein Gesicht strahlte Güte und Weisheit aus. Nachdem er von dem Ereignis jedes Detail erfahren hatte, trat er vor die neugierigen Leute und stellte sich vor: Er sei ein weitgereister Arzt, der sich gerade auf Besuch in Wien befinde. Er habe von dieser merkwürdigen Erscheinung in alten Büchern gelesen und könne daher dieses Untier deuten: Es handle sich eindeutig um einen Basilisken.

Eine Darstellung des Basilisken aus dem 18. Jahrhundert. Auf dem Kopf trägt er eine Krone.

Und nun erfuhren die umstehenden Wiener, dass schon vor über tausend Jahren in der Antike der berühmte Naturforscher Plinius ein solches Untier beschrieben und auch seine Entstehung erforscht hatte. Ein alter Hahn legt ein Ei, das eine Kröte ausbrütet, daraus schlüpft dann ein Basilisk. Sein Geruch ist unerträglich und nicht auszuhalten, aber das gefährlichste Gift geht von seinen Augen aus. Jedes Lebewesen, das von dem Blick des Basilisken erfasst wird, muss sterben.

Voll Schrecken dachten die Leute an das Leben des jungen Burschen wie auch an ihr eigenes. Was sollte geschehen? Konnte ein solches Ungeheuer überhaupt beseitigt werden, damit es keinen Schaden mehr verursachte? Da schritt der Stadtrichter ein, mahnte alle zur Ruhe und bat den anwesenden Doktor der Weltweisheit um seine Meinung.

Der Arzt schwieg vorerst, und sprach dann mit ernster Miene: „Eure Stadt muss so schnell wie möglich von diesem Untier befreit werden. Es kann nur getötet werden, indem ihm ein blanker Metallspiegel vor die Augen gehalten wird. Wenn der Basilisk sein eigenes Bild erblickt, erschrickt er so über seine eigene Scheußlichkeit, dass er zerplatzt. Doch empfehle ich niemanden von euch, mit einem Spiegel in den Brunnen zu steigen – denn er setzt sein Leben auf das Spiel!"

Es war ganz still geworden, und betroffen sahen sich die Menschen an. Lediglich der Stadtrichter fragte, ob es nicht noch eine andere Möglichkeit gäbe. Der Gelehrte nickte leicht mit seinem Kopf und sagte: „Da der Basilisk in einem Schacht sitzt, schlage ich in diesem speziellen Fall vor, es müssen so viele schwere Steine und Erdreich in den Brunnen geworfen werden, dass der Basilisk erstickt."

Da halfen alle Nachbarn zusammen, schafften in gemeinsamer Anstrengung Unmengen von Steinen und Erde herbei und kippten sie in den Brunnen. So wurde der Basilisk von Wien noch am selben Tag vernichtet. Der junge Bäckerbursche aber fiel in ein Koma und überlebte den Abend nicht mehr.

Zum Andenken an den mutigen Bäckerlehrling und an dieses schreckliche Ereignis wurde an dem Haus ein Basilisk aus Stein angebracht, der heute noch zu sehen ist.

stand.ort
1, Schönlaterngasse 7
Hausschild „Zum Basilisken"

tipp!
An der Fassade des Hauses sitzt in einer Nische der Basilisk, der hier vor vielen hunderten Jahren Angst und Schrecken verbreitet haben soll. Darunter ist ein Fresko, das

Im Brunnenschacht wurde dieser merkwürdig geformte Stein gefunden und als Basilisk gedeutet.

einen Bäckerlehrling mit einem Metallspiegel und noch einmal einen grauslichen Basilisk zeigt. Der Text erzählt in knapper Form von der Zuschüttung des Brunnens und den sagenhaften Vorkommnissen aus dem Jahr 1212.

was geschah wirklich?
Der Basilisk wird ähnlich dem Drachen zur Gruppe der Monster und Untiere gezählt. Als beim Brunnengraben giftige Gase entwichen und die Leute zusätzlich eine verhärtete Kalk-Sandknolle in einer merkwürdigen Form fanden, deuteten sie diese als Basilisken. Um seine Gestalt noch deutlicher zu machen, verpasste in alter Zeit ein Handwerker dem Steingebilde einen Hahnenschnabel, ein Krönchen und einen Schwanz aus Eisen.

In der Basilisken-Sage wird auch das Problem der Wasserversorgung in der alten Stadt angesprochen. Immer wieder kam es zu Verunreinigungen des Wassers im Brunnen. Schwere Krankheiten oder sogar der Tod waren die Folge. Erst mit dem Bau von Wasserleitungen besaß die Wiener Bevölkerung konstant gutes und gesundes Trinkwasser.

sagenhaftes + wunderliches

Von der wundersamen Geburt des Basilisken wird in der Sage berichtet: Er schlüpft aus einem Ei, das ein Hahn gelegt und eine Kröte ausgebrütet hat. Bereits in der Zeit der Antike, wie auch besonders im Mittelalter haben viele Gelehrte ganze Abhandlungen über den Basilisken verfasst und darüber debattiert wie dieses Untier seine Jugend verbringe. Die weit verbreitete Meinung war, dass der kleine Basilisk in einem Erdloch heranwachse, aber bereits die Pflanzen in seiner Umgebung durch seinen Atem vollkommen vernichte.

Ein grauslicher Basilisk versucht am heiligen Michael empor zu kriechen, wird aber durch einen Lanzenstich des Engels getötet. (Heiliger Michael von der Domkirche Sankt Stephan. Historisches Museum der Stadt Wien)

daten & fakten | STUBENTOR-VIERTEL

Der ausgewachsene Basilisk wurde in allen Schriften übereinstimmend als das gefährlichste Monster angesehen, denn er tötet alle Geschöpfe dieser Erde. Er braucht den Menschen gar nicht direkt anzugreifen oder im Kampf zu stellen; sein besonders giftiger Basiliskenblick reicht aus, um dem Lebewesen todbringenden Schaden zuzufügen. So kann er auch im Verborgenen – in der Wiener Sage sitzt der Basilisk im tiefen Brunnen – auf unsichtbare Weise sein Opfer verletzen und dessen baldigen Tod verursachen. Die Leute meinten, im Basilisken wohnen die Kräfte des Teufels.

Die Leute im Mittelalter besaßen eine komplizierte Bilderwelt, und das Untier des Basiliken wurde auch verwendet, um menschliche Laster und Sünden zu umschreiben. Neid ist das schlimmste aller Laster: Wie Basiliskengift, so wirkt auch das Gift des Neides tödlich. Der Neider beschädigt seinen Mitmenschen, da er das Gute in ihm hasst und ihm nichts gönnt. Ein neidiger Mensch zerstört alle positiven Taten des anderen.

Der stinkende Atem des Basilisken wurde in der „Lasterlehre" oft mit der Sünde des Hochmuts und der Großmannsucht gleichgesetzt: Wenn jemand unbedingt von seiner Umwelt wahrgenommen werden will und dabei vor nichts zurückschreckt, so verleumdet er andere, um selbst besser dazustehen – diese bösen Einflüsterungen vergiften dann die Seele.

Doch richten sich diese äußerst negativen Gefühle einer hochmütigen und neidigen Person letztlich gegen sie selbst. Die Geschichte vom Basilisken erzählt das in einem eindrucksvollen Gleichnis: Im Metallspiegel wird der giftige Blick des Basilisken wieder auf ihn zurückgeschleudert – er vernichtet sich selbst.

Der Basilisk in der Schönlaterngasse ist ein von der Natur äußerst kurios geformtes Stück. Doch gibt es auch Darstellungen von Basilisken in Wien an der Domkirche Sankt Stephan. Und wer durch Europa reist, wird viele, viele Basilisken an Häusern, Kirchen und als Brunnen entdecken können. Die Stadt Basel in der Schweiz hat sich dieses Monster sogar als Wappentier gewählt.

geschichte.spezial

Die Kellermauern des Hauses Schönlaterngasse 7 stammen teilweise aus dem 13. Jahrhundert, also aus der Zeit der Sage. Ursprünglich trug das Haus den Namen „Zum roten

Kreuz"; im Jahre 1212 soll es dann die neue Bezeichnung „Zum Basilisken" erhalten haben – schriftliche Beweise sind nicht erhalten.

Die Sage steht im engen Zusammenhang mit der besonderen Bodenbeschaffenheit dieses Ortes: Unter einer dünnen Sandlage liegt eine Tegelschicht. In solchen Tegelschichten treten häufig merkwürdig geformte Gebilde auf. Bei dem Basilisken handelt es sich um einen verhärteten Kalk-Sandknollen, der in der Wissenschaft „Konkretion" genannt wird.

Diese Konkretion wurde beim Brunnengraben entdeckt. Nach den Erkenntnissen des Geologen Eduard Suess entwichen beim Durchstoßen der unterschiedlichen Schichten giftige Erdgase. Die Sage über den Basilisken in der Schönlaterngasse gehört zu den ältesten von Wien.

Die besondere Geschichte wurde vor über 400 Jahren in der damaligen Sprache einfach auf das Haus geschrieben:

> ANNO DOMINI MCCII WARDT ERWELDT KAYSER
> FRIEDRICH II. UNTER SEINEM REGIMENT IST
> VON EINEM HANN ENTSPRUNGEN AIN BASILISC.
> WELCHER OBENSTEHENDER FIGUR GLEICH, UND
> IST DER BRUNN VOLL ANGESCHÜTTET WORDEN MIT
> ERDEN DARINNEN SELBIGES THIER GEFUNDEN WOR-
> DEN IST, OHNE ZWEYFEL WEIL ES SEYNER GIFTIGEN
> AYGENSCHAFFT VILL MENSCHEN GESTORBEN UND VER-
> DORBEN SEYND. RENOVIERT A. 1577 DURCH DEN
> HAUSS'HERRN HANNS SPANNRING BUCHHANDLER.
> ABERMALS RENOVIERT 1932. RENOV. 1965.

14

Schon vor vielen hundert Jahren befand sich in diesem Haus eine Wirtsstube. Damals hieß die heutige Gaststätte „Griechenbeisl" noch „Zum roten Dachl". Hier soll der Dudelsackbläser Augustin zum ersten Mal sein Lied „O, du lieber Augustin" gesungen haben.

Griechenbeisl Wien 1, Fleischmarkt 11

Der Liebe Augustin und die Pest

Das kleine Gasthaus „Zum roten Dachel" gehörte vor über 330 Jahren zu den Geheimtipps von Wien. Der Wirt kochte nicht nur gute Speisen und schenkte köstlichen Wein aus, sondern es spielte auch ein lustiger Musikant auf. Mit seinem Dudelsack brachte er stets gute Stimmung, und bald war die Wirtsstube zum Bersten voll. Die Gäste riefen ihn nur bei seinem Vornamen Augustin. Da er durch seine Späße und witzigen Bemerkungen überaus beliebt war, hieß er bald der „Liebe Augustin".

Wenn Augustin im Lokal erschien, konnte der Wirt mit fetten Einnahmen rechnen. Dafür verköstigte er den Musiker, während die Gäste dem Lieben Augustin oft ein Gläschen Wein für seine Kunst spendierten. Sein Kopf steckte voll mit wunderbaren Melodien, und er war auch noch nie ohne sein Instrument gesehen worden – der Dudelsack gehörte zu ihm. Sonst besaß er nichts.

Im Jahr 1679 brach in Wien eine furchtbare Krankheit aus: Die Pest schlich vorerst heimlich durch die Vorstädte. Die Ärzte dachten, es handle sich lediglich um ein hitziges Fieber. Dann drang die Seuche in die Stadt, in die Häuser der Handwerker genauso wie in die Paläste der Adeligen. Niemand war vor der ansteckenden Pest sicher: Die Menschen wurden von ihr hinweggerafft, ob Jung oder Alt, ob Arm oder Reich – der Tod machte alle gleich. Wer einen Wagen und Pferde besaß, floh aus der Stadt.

Theateraufführungen und Konzerte wurden abgesagt. Nur ein Gesprächsstoff beschäftigte alle: Wer ist in das Pestkrankenhaus gebracht worden, wer ist bereits gestorben? An vielen Häusern prangten aufgemalte weiße Kreuze als Warnzeichen, dass sich darin erkrankte Personen befanden.

Es lagen so viele Tote auf den Straßen, dass die eigens dazu bestellten Pestknechte sie nicht mehr einzeln beerdigen konnten. Es mussten außerhalb der Stadtmauern an einigen Stellen sehr tiefe geräumige Gruben ausgehoben werden. Wenn diese der Länge und Breite nach mit Leichen angefüllt waren, wurden sie mit ungelöschtem Kalk übergossen und zugeschüttet.

Bereits Monate hielt das Sterben an, Panik machte sich breit. Im Sommer wurde es so schlimm, dass viele Menschen meinten, das Ende der Welt sei gekommen. Nur im Gasthaus „Zum roten Dachel" wurde trotzdem musiziert und gelacht: Wie ein

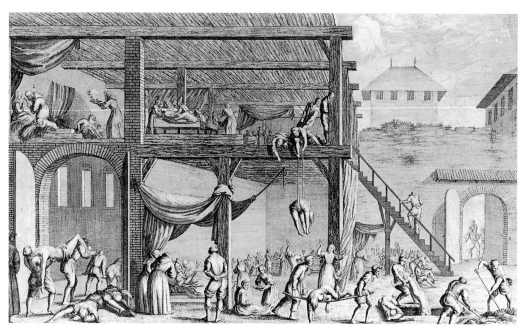

Pestspital mit Kranken, um 1679
(Kupferstich nach einer Zeichnung von Lodovico Burnacini. Historisches Museum der Stadt Wien)

Zauberer tröstete der Liebe Augustin mit seiner fröhlichen Musik die Menschen. Die Wirtstube glich in diesen wenigen Stunden einer Insel ohne Angst.

Eines Abends dauerte seine Vorführung im Gasthaus etwas länger. Das Publikum hatte mit ihm sein neues Lied „O, du lieber Augustin" gesungen und ihm ständig Wein nachgeschenkt. Als sich Augustin dann auf seinen langen Heimweg durch die Stadt aufmachte, schwankte er bedenklich. Seine Beine wurden ihm immer schwerer, und die Augen fielen ihm ständig zu. Da rollte er sich mit seinem Dudelsack auf der Gasse zusammen und schlief einfach ein.

Wenig später liefen an ihm die Pestknechte mit ihren Tragbahren vorbei, um Tote aufzusammeln und aus der Stadt fortzuschaffen. Wie erschraken die Knechte, als sie den stadtbekannten Sänger und Musiker am Gehsteig erkannten! Sie seufzten zwar laut auf, dass die böse Krankheit sogar den Lieben Augustin erwischt hatte, doch zauderten sie nicht lange bei ihrer Arbeit: Rasch hoben sie ihn, gerade so wie er da lag, in der Dunkelheit auf und verluden ihn auf den Pestwagen. Dann ging es zum Stadttor hinaus zu einer Pestgrube, die bei der Kirche Sankt Ulrich angelegt worden war. Dort leerten sie den Totenwagen und fuhren wieder zurück.

Der Liebe Augustin hatte von seinem Abtransport nichts gespürt und die ganze Nacht fest durchgeschlafen. Als ihm die Morgensonne in das Gesicht schien, und er zu blinzeln begann, wusste er zuerst gar nicht, wie ihm geschah: Er lag inmitten von Leichen in einer Riesengrube! Er sprang auf und stapfte über die Leiber hinweg, doch die Wände der Grube waren zum Hinaufklettern viel zu hoch und zu steil.

Er war über seine Lage entsetzt, denn wie sollte er da herauskommen? Aber der Liebe Augustin war auch in verzwickten Situationen nicht verzweifelt, sondern dachte in aller Ruhe nach: In eine solche Leichengrube würde niemand mehr schauen, vielmehr brächten die Pestknechte bald die nächste Fuhre mit Pesttoten. Bei dem Gedanken der purzelnden Körper schauerte ihm ein wenig. Auch Rufen blieb sinnlos, denn sicherlich vermutete man dann einen Geist oder eine unerlöste Seele in der Grube und würde, statt ihm zu helfen, gleich wieder verschreckt kehrtmachen.

Ein lustiger Dudelsackbläser

Wo aber Gefahr ist, wächst das Rettende auch: Plötzlich fiel dem Musikanten wieder seine Musik ein. Wie hatte er auf seinen Dudelsack vergessen können! Sogleich drückte er das Instrument an sich, füllte den Windsack mit Luft und begann sein Lieblingslied „O, du lieber Augustin" zu pfeifen. Weit hallten die Töne über das Glacis.

Verwundert hörten die ankommenden Pestknechte die ihnen bekannte Melodie. Sie beugten sich vorsichtig über den Rand des Riesengrabes – was sie bisher noch nie gemacht hatten – und sahen den äußerst lebendigen Augustin. Mit vereinten Kräften zogen sie nun den unerschrockenen Musikanten mit Stricken aus der Grube.

So wurde der Liebe Augustin durch die Macht der Musik aus der Pestgrube befreit. Von dieser schaurigen Nacht blieb ihm kein Schaden, und er lebte gesund noch viele Jahre. Oft und oft musste er im Wirtshaus „Zum roten Dachel" von seinem Erlebnis erzählen. Zum Abschluss stimmten dann alle gemeinsam das Lied an, das auch die Pestknechte zur raschen Hilfe verlockt hatte: „O, du lieber Augustin, Augustin, Augustin, / o, du lieber Augustin, alles is hin! / s' Geld is weg, s' Mensch is weg, Augustin liegt im Dreck. / O, du lieber Augustin, alles is hin!"

daten & fakten | STUBENTOR-VIERTEL

stand.ort
1, Fleischmarkt 11 / Griechengasse 9

Die Gaststätte „Griechenbeisl" weist eine lange Geschichte auf: Schon vor vielen hunderten Jahren befand sich hier eine Wirtsstube. Früher trug das Haus Namen wie „Zum gelben Adler" oder „Zum goldenen Engel", doch sein Hauptname war „Zum roten Dachel" – vermutlich nach einem Turm der nahe gelegenen alten Stadtmauer.

tipp!

An den Lieben Augustin wird hier gleich zwei Mal erinnert. Einmal sitzt er als lebensgroße Puppe im Wirtshauskeller, und einmal hängt er als Schild mit folgender Erklärung an der Hauswand: „Hier sang sein Lied zum 1. Mal der Liebe Augustin".

Die Nähe der ehemaligen Stadtmauer ist heute noch sichtbar: Im Stiegenhaus sind drei eingemauerte „Türkenkugeln" aus dem Kriegsjahr 1529 zu sehen.

was geschah wirklich?

Der Liebe Augustin gehört zu den prominentesten Sagenfiguren von Wien – hat er aber wirklich gelebt? Forscher durchsuchten wie Detektive unzählige alte Dokumente und fanden schließlich einen Beweis: Im Jahre 1685 – also sechs Jahre nach dem schrecklichen Pestjahr – starb in Wien ein Dudelsackspieler und Sänger mit dem Vornamen Augustin. Er wurde 40 Jahre alt; seinen Familiennamen wusste man anscheinend schon damals nicht, es ist nur ein N. vermerkt worden.

Sicher ist jedoch nicht, ob der Musiker Augustin N. diese Geschichte in der Pestgrube wirklich selbst erlebt hat, oder ob er sie als „Lieber Augustin" genial erfunden und im Wirtshaus dem neugierigen Publikum erzählt hat – wer kann das heute noch genau wissen? Da aber viele Zeitgenossen von diesem Vorfall berichten, scheint die Geschichte doch einen hohen Wahrheitsgehalt zu besitzen.

Die Sage behandelt vor allem ein Problem: Die Leute hatten im Pestjahr panische Angst, lebendig begraben zu werden. Durch das hohe Fieber konnte nämlich bei den Erkrankten eine starke Benommenheit eintreten, dass sie bei oberflächlicher Betrachtung scheinbar wie tot wirkten. Der Liebe Augustin litt nicht an der Pest, sondern war – nach der Sage – durch seinen Rausch eingeschlafen und deshalb unfreiwillig in der Pestgrube gelandet.

sagenhaftes + wunderliches

Die Botschaft der Sage vom „Lieben Augustin" lautet, der Musik wohnt eine wunderbare Kraft inne: Sie nimmt den Menschen die Angst in schrecklichen Situationen, sie erlöst ihn aus der todbringenden Falle, und sie macht ihn immun gegen schwere Krankheiten. Durch den Zauber der Musik kann der Mensch erlöst und geheilt werden.

Deshalb ist die Gestalt des Lieben Augustin zum Sinnbild für Lebensfreude geworden. Und für einen Menschen, der Musik liebt und sich durch nichts und von niemanden unterkriegen lässt. Das Walzerlied „O, du lieber Augustin" stammt allerdings nicht von Augustin N. – bei der Melodie handelt es sich um ein Tanzlied, das im gesamten deutschen Sprachraum verbreitet war.

Zur Erinnerung an den lustigen Dudelsackbläser wird jedes Jahr im Fasching der Orden des „Lieben Augustin" in der Wiener Hofburg an witzig-fröhliche und starke Persönlichkeiten aus Kultur und Politik verliehen.

geschichte.spezial

Im Jahr 1679 wütete die Pest in Wien wie niemals zuvor. In den engen und sonnenarmen Gassen der barocken Stadt, die noch dazu damals voll Schmutz und Unrat waren, konnte sich die Epidemie verheerend rasch ausbreiten. Die Übertragung der Pest auf den Menschen erfolgte meist durch Flöhe von Nagetieren, vorwiegend von Ratten.

Damals glaubten allerdings viele Menschen, die Pest mit ihrem Massensterben sei als Strafe Gottes über die sündige Menschheit gekommen. Sie beachteten daher zu wenig die strengen Vorschriften des obersten Pestarztes der Stadt Wien. Dieser kämpfte gegen die Unsauberkeit in der Stadt und damit gegen Ratten und Ungeziefer. Nach seiner „Infektionsordnung" durfte niemand mehr einfach seine toten Hunde oder Katzen auf die Straße werfen wie bisher, auch keine Knochen und kein Blut.

Besondere Maßnahmen wurden von den Ärzten entwickelt, um die Ansteckung zu unterbinden: Jedes Eingangstor eines Hauses, in dem jemand erkrankt war, musste von außen deutlich mit einem weißen Kreuz als Warnung gekennzeichnet werden. Wer mit Kranken zu tun hatte, trug auf der Straße ein weißes Stäbchen in der Hand, damit jeder Gesunde rechtzeitig ausweichen konnte.

Doch die Wiener hielten sich in ihrer Verzweiflung nicht unbedingt an diese Vorschriften: Zwar sollte jeder Pestkranke in ein Krankenhaus gebracht werden, doch viele wollten wegen der katastrophalen Zustände nicht dorthin. Zwar sollten die Kleider der Verstobenen aus hygienischen Gründen verbrannt werden – manche verkauften sie aber lieber.

Dadurch konnte sich die Epidemie ungestört ausbreiten. Viele Kinder verloren plötzlich ihre Eltern und liefen weinend und hungrig durch die Stadt. Sie wurden von der Behörde eingesammelt und außerhalb der Stadtmauern gebracht – kaum eines von ihnen überlebte diese Not. Die Pest brachte viel Leid über die Menschen. Erst vor mehr als hundert Jahren wurde der Pesterreger entdeckt und wirksame Medikamente gegen diese schreckliche Krankheit entwickelt – die Reinhaltung der Wohnungen und Straßen blieb trotzdem ein wichtiges Gebot.

wo gibt es noch etwas zu sehen?

7, Kellermanngasse vor 1
(= Neustiftgasse vor 32–34)
In der Nähe befand sich die Pestgrube, aus der der Liebe Augustin gerettet worden sein soll. Vor rund hundert Jahren wurde die Gestalt des Lieben Augustin zu einem Wahrzeichen von Wien erhoben, und man errichtete einen Brunnen auf diesem Platz. Ursprünglich war die Brunnenfigur des Dudelsackspielers und Sängers aus Bronze hergestellt, die aber im Zweiten Weltkrieg eingeschmolzen wurde. Der Künstler Josef Humplik schuf 1952 eine neue Plastik aus Sandstein, die heute den Platz schmückt.

Die Pestsäule am Graben wurde von Kaiser Leopold I. als Dank für das Ende der schrecklichen Seuche gestiftet.

1, Graben, Dreifaltigkeitssäule, auch Pestsäule genannt

Nach dem Erlöschen der furchtbaren Pest im Jahre 1679 gelobte Kaiser Leopold I. – der Großvater von Maria Theresia –, dass er am Graben eine prächtige Gedenksäule werde errichten lassen. Die berühmtesten Künstler erhielten den Auftrag, eine Säule zu Ehren der Heiligen Dreifaltigkeit und der Engel zu errichten. Die 21 Meter hohe Säule ist aus Salzburger Marmor gefertigt, die Dreifaltigkeitsgruppe an der Spitze aus getriebener und feuervergoldeter Bronze.

An der Pestsäule gibt es viel zu bestaunen: Bemerkenswert ist, dass Kaiser Leopold in knieder Haltung dargestellt ist. Er, der mächtigste Mann in seinem riesigen Reich, beugt sich demütig im Gebet, um für das Ende der Todeskrankheit göttlichen Beistand zu erflehen und um für die Hilfe zu danken. In der Wolkenpyramide tummeln sich viele Engel.

3, Erdbergerstraße 92 (= Kardinal-Nagl-Platz 11)

An dem 1965–68 erbauten Wohnhaus befindet sich ein Mosaik, auf dem neben anderen Darstellungen auch der Liebe Augustin vorkommt. Ein Dudelsackbläser mit dem Namen Marx Augustin – Marx war eine Abkürzung für Markus – starb 26 Jahre nach dem Pestjahr in der Vorstadt Landstraße. Eine Zeit lang wurde vermutet, er wäre der legendäre Liebe Augustin gewesen. Daher setzte man ihm ein Denkmal.

15

Vor dem Rotenturmtor herrschte stets reges Leben. Viele Schiffe, beladen mit Menschen und Waren aller Art, kamen die Donau – dem heutigen Donaukanal – herunter. Die Wassermaut musste hier bezahlt werden. Der Rote Turm ist auf dem Bild an seinem rot-weißen Schachbrettmuster gut zu erkennen. Davor ist der Schlagbaum aufgezogen. Das Ufer der Donau ist mit Schanzkörben gesichert. Vom Stephansdom weht die Fahne der Stadt Wien und grüßt alle Neuankömmlinge. Gleich in der Nähe des Rotenturmtores befand sich ein mächtiger Gasthof, der einen sagenhaften Namen erhielt …

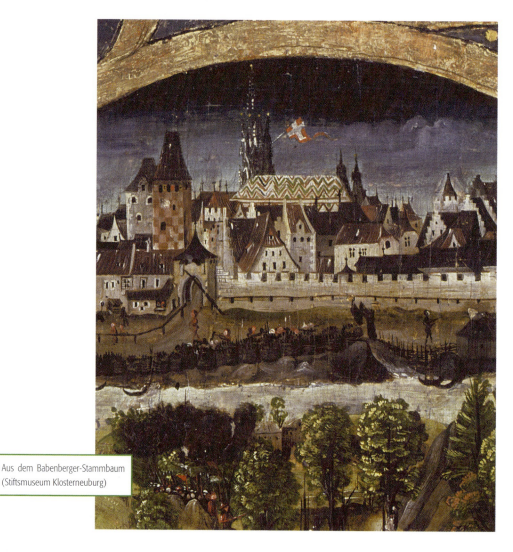

Aus dem Babenberger-Stammbaum (Stiftsmuseum Klosterneuburg)

Küss-den-Pfennig

Nahe des Rotenturmtores stand einst ein stattlicher Gasthof. Hier kehrten gerne Gäste ein, die mit dem Schiff die Donau heruntergekommen waren und nun in der Stadt Wien etwas verweilen wollten. Der Wirt hätte durchaus zufrieden sein können, denn das Geschäft ging gut und sein einziger Sohn arbeitete bereits fleißig mit, um den Betrieb einmal übernehmen zu können. Aber sein Besitz war ihm noch zu wenig; er bemühte sich immerfort noch mehr Geld zu haben.

Eines Abends, knapp vor Sperrstunde, betrat ein später Gast die Stube. Er bat um ein Nachtmahl und ein Bett. Der Wirt reagierte unwirsch, denn die Küche war schon aufgeräumt und die junge Magd wollte in ihre Kammer. Trotzdem eilte das Mädchen willig herbei, um Anweisungen entgegenzunehmen. Der Wirt hingegen musterte den eher kleinen Mann aufmerksam: Seine Kleidung war gut geschnitten und aus bestem Stoff, aber etwas abgewetzt und verwahrlost. Auch führte er eine große Ledertasche mit, die bereits fleckig und ziemlich gebraucht wirkte.

„Könnt ihr denn überhaupt das Quartier bezahlen?", fragte der Wirt den Fremden. Da richtete sich der Gast selbstbewusst auf und sprach: „Ich bin der berühmte Arzt Theophrastus Bombastus Paracelsus von Hohenheim!" Dieser Name sagte dem Wirten nichts, denn er hatte nur Dukaten, Gulden und Pfennige im Kopf. „Sucht euch eine andere Unterkunft", murrte er. Der Gedanke, ein Gast ziehe wieder ab, ohne seine Rechnung beglichen zu haben, machte den geizigen Wirten noch grantiger als sonst.

Doch die Magd hatte die gütigen Augen des Arztes bemerkt. Ihr tat der nächtliche Besucher leid, und sie mischte sich in das Gespräch ein: „Falls Paracelsus nicht genug Geld hat, werde ich von meinem Ersparten etwas dazulegen." Da blieb dem Wirten nicht anderes übrig, als den merkwürdigen Doktor in seinem Gasthof zu beherbergen.

Die Tage vergingen, und Paracelsus dachte nicht im Geringsten daran abzureisen. Jeden Tag unternahm er Exkursionen durch die Stadt. Am Abend trafen er und seine Freunde in der Wirtsstube zusammen, um sich zu unterhalten. Peinlich genau notierte der Wirt alle Ausgaben von Paracelsus, der Rechnungszettel wurde immer länger.

Eines Morgens – die Gäste schliefen noch – stritten Vater und Sohn in der Küche. Wie schon so oft, drehte sich auch diesmal das Gespräch um die Verheiratung des

Sohnes. Der Wirt wünschte sich eine reiche Wirtstochter mit einer großen Mitgift in sein Haus, doch der Sohn lehnte entschieden ab. Zornig klapperte der Vater mit den Tellern und stampfte in die Gaststube hinaus, als die junge Magd in die Küche hereinkam. Der Wirt hatte keine Ahnung, dass sein Sohn sich in die schöne Magd verliebt hatte, und die beiden jungen Leute sich heimlich sehr zugetan waren.

Der Wirt war über seinen widerspenstigen Sohn erbost, und die offene Rechnung seines Gastes Paracelsus ärgerte ihn ebenfalls. So wollte er den Doktor nicht länger behalten. Er nahm sich vor, hier und jetzt in seinem Haus Ordnung zu schaffen: Gleich beim Frühstück werde er dem säumigen Gast unmissverständlich mitteilen, dass er noch vor Sonnenuntergang seine Rechnung zu begleichen habe, sonst weise er ihm die Tür.

Aber an diesem Morgen erschien Paracelsus nicht zum Essen in der Gaststube. Nachdem der Wirt eine Zeit lang gewartet hatte, ging er hinauf zu den Zimmern. Doch was sah er zu seinem Schrecken im halbdunkeln Stiegenhaus: Sein Sohn küsste gerade zärtlich die Magd! „Auseinander, ihr zwei!", brüllte der Wirt und packte das Mädchen bei den Schultern. Verschreckt blickte die Magd ihn an, doch der Sohn hielt sie fest in seinen Armen. „Wir lieben uns, wir möchten für immer zusammen bleiben", erklärte der Sohn und wunderte sich selbst über seinen Mut gegenüber dem strengen Vater. „Das würde euch so passen", schrie der Wirt, „aber nicht mit mir. Sie ist arm wie eine Kirchenmaus, und ich werde nie, nie, nie in eine solche Heirat einwilligen. Punktum, basta!"

Der berühmte und weitgereiste Arzt Paracelsus

Durch diesen Tumult hat Paracelsus seinen Kopf aus der Tür gesteckt. Nun trat er zum Liebespaar. Mit ernster Stimme sagte er: „Niemand hat das Recht eine Liebe zu zerstören." Da fiel der Wirt über den Doktor her und rief: „Was mischen sie sich ein! Bezahlen sie lieber ihr Zimmer und das Essen – und zwar sofort!" Da zog Paracelsus aus seinem Geldbeutel eine kleine Münze und reichte sie dem Wirten, der vor Ärger nach Luft schnappte: „Was soll das? Sie schulden mir ein Vielfaches!" Dann nahm der Wirt den Pfennig und warf ihn zornig auf den Boden.

„Das ist erst die Anzahlung", beruhigte ihn Paracelsus, „ihr werdet alles von mir bekommen. Aber viel wichtiger ist doch, dass ihr eurem Sohn die Hochzeit mit dem Mädchen erlaubt." Da schwoll der Kopf des Wirten ganz rot vor Wut an: „Das ist so unmöglich, wie sich dieser kupferne Pfennig in Gold verwandeln kann! Wenn dieses Wunder geschieht, dann dürfen die beiden heiraten." Paracelsus lächelte: „Gilt die Wette?" Der Wirt nickte: „So wahr ich hier stehe!"

Für den Bruchteil einer Sekunde zog Paracelsus ein kleines Fläschchen aus seiner Jackentasche und befahl dann mit lauter Stimme dem Wirten, den Pfennig vom Boden aufzuheben. Der Wirt tat es ohne Widerrede und hielt plötzlich voll Staunen ein schweres glänzendes Goldstück in der Hand. Eine seltsame Veränderung vollzog sich in ihm: Seine Augen leuchteten, sein Mund deutete ein Lächeln an, und mit großen Augen küsste er – beinahe andächtig – die prächtig funkelnde Münze, drehte sie um und küsste sie noch einmal.

Der Gasthof Küss-den-Pfennig besaß einen Turm. (Ausschnitt: Vogelschau auf die Stadt Wien von Joseph Daniel Huber aus dem Jahr 1785. Mozart-Gedenkstätte „Figarohaus", Wien)

So bezahlte Paracelsus um ein Vielfaches mehr als seine Ausgaben in der Gaststätte betragen haben. Dann zog der gelehrte und zauberkundige Doktor einen alten Lederbeutel aus seinem Hosensack und überreichte ihn dem Wirten mit den Worten: „Das ist die Mitgift für das junge Brautpaar! Möge es glücklich und zufrieden lange Zeit miteinander leben und alt werden!" Paracelsus verabschiedete sich noch von allen Anwesenden, wünschte ihnen von Herzen Gottes Segen und verschwand wieder aus der Stadt. Von diesem Tag an hatte der Vater nichts mehr gegen eine Heirat der beiden Liebenden einzuwenden.

Binnen weniger Stunden verbreitete sich in der ganzen Stadt die Kunde von der wundersamen Umwandlung des Pfennigs. Viele Menschen kamen in das Gasthaus, um die Geschichte genau zu hören und das Goldstück zu bewundern – der Wirt machte bessere Geschäfte als je zuvor. Sooft er die Goldmünze hervorholte, um sie seinen Gästen stolz zu zeigen, küsste er sie als besonderes Andenken an Paracelsus. Bald erhielt das Gasthaus den Namen „Zum Küss-den-Pfennig".

15 daten & fakten | STUBENTOR-VIERTEL

stand.ort
1, Franz-Josefs-Kai 21, Griechengasse 3
Das alte Haus mit dem Namen „Küss-den-Pfennig" ist längst verschwunden. Doch besaß das ursprüngliche Gebäude im Mittelalter einen Turm. In unmittelbarer Nähe befand sich ein bedeutend größerer Turm der Stadtbefestigung: der so genannte Rote Turm mit einem Stadttor – dem Rotenturmtor.

tipp!
Über der Eingangstür Franz-Josefs-Kai 21 ist ein Flachrelief zu finden, das an die Sage „Küss-den-Pfennig" erinnert. Wie so ein alter Wohnturm, der in ein Haus verbaut war, ausgesehen hat, ist noch im Hof der Griechengasse 7 zu entdecken (siehe sagen.weg Stubentor-Viertel).

was geschah wirklich?
Der Arzt und Naturforscher Paracelsus (geboren 1493, gestorben 1541), der eigentlich Theophrastus Bombastus Aureolus Philippus von Hohenheim hieß, besuchte wirklich die Stadt Wien. Er traf zur Jahreswende 1537/38 hier ein und wurde sogar von König Ferdinand I. in einer Audienz empfangen. Zu jener Zeit gab es allerdings bereits in der Nähe des Rotenturmtores das Haus mit der Bezeichnung „Küssenpfennig".

Der Name „Küssenpfennig" taucht im Mittelalter öfters als Familienname in Urkunden auf. Die ursprüngliche Hausbezeichnung „Küssenpfennig" wurde mit dem wundertätigen Paracelsus und einem sagenhaften Wirten, der das verzauberte Goldstück küsst, in Verbindung gebracht. So entstand der Name „Küss-den-Pfennig". Die Grundidee der Sage, dass Paracelsus seine offene Rechnung durch Goldumwandlung bezahlen kann, wird allerdings nicht nur in Wien erzählt.

sagenhaftes + wunderliches
Die Sagen über Paracelsus knüpfen an seinen Ruhm als Arzt an. Es gelang ihm Todkranke zu heilen. Außerdem verfasste er zahlreiche Schriften, in denen er sich neben vielen anderen Themen auch mit der Magie als höchste Weisheit beschäftigte. Besonders interessierte sich Paracelsus für die geheimen Kräfte der Natur. Nach seiner Theorie besitzt der Mensch zwei Leiber: Der sichtbare Leib ist sein Körper, der unsichtbare Leib steht für seinen Geist – beide vergehen. Neben diesen beiden Leibern trägt aber der Mensch auch ein Ewiges in sich, seine Seele. Als religiöser Mensch unterschied Paracelsus allerdings zwischen Zauberei und Magie.

In der Dichtung und in den Sagen wird Paracelsus allerdings oft als Zauberer dargestellt, der nur durch die schwarze Kunst seine Heilerfolge erzielt hätte. So soll er im Besitz einer allheilenden Arznei gewesen sein, die er dem Teufel mit Tricks entwendet hatte. In manchen Sagen wird berichtet, Paracelsus habe sogar Macht über den Teufel gehabt, der fleißig für ihn Brücken und anderes mehr habe bauen müssen.

Auch besaß er angeblich eine Goldtinktur, die alles in Gold verwandeln konnte. Knapp vor seinem Tod befahl allerdings Paracelsus seinem Diener, dass er diese spezielle Zaubertinktur – so erzählt es eine Sage – in den Fluss Salzach schütten muss, damit sie nicht in falsche Hände gerate. Tatsächlich verbrachte Paracelsus seine letzten Lebensjahre in Salzburg, wo er auch starb.

geschichte.spezial

Das Haus „Küss-den-Pfennig" besitzt eine lange Geschichte. Seine ältere Bezeichnung „Küssenpfennig" ist seit dem Jahre 1470 nachweisbar. Doch lässt sich nicht alles lückenlos dokumentieren. Im Jahre 1741 wurde der Haupttrakt mit dem Turm niedergerissen und durch einen Neubau ersetzt.

Am Gebäude soll sich ein Bild und eine Inschrift befunden haben. Allerdings kann nicht mehr genau ermittelt werden, wann diese angebracht wurden beziehungsweise wieder verschwunden sind. Doch hielt ein Zeitgenosse vor über 220 Jahren den Text der Inschrift fest. Dieser schildert die Geldumwandlung durch Paracelsus und dass der Wirt das Goldstück küsst. Die Liebesgeschichte des Sohnes kommt ursprünglich nicht vor – sie ist eine spätere Dichtung des 19. Jahrhunderts.

16

Panorama von Wien vom Leopoldsberg, 1853.
Farbdruck von Friedrich von Exter

So sah vor über 150 Jahren die Donau bei Wien aus. Der Maler hat vom Leopoldsberg aus den breiten Fluss mit seinen weitläufigen Nebenarmen festgehalten. Damals bahnte sich das Wasser seinen Weg nach den Gegebenheiten der wilden Natur. Kleine Inseln entstanden und verschwanden wieder, Wassergerinne schwollen an und trockneten in heißen Sommern wieder aus. Das Wasser bildete einen eigenen Lebensraum für Mensch und Tier.

Das Donauweibchen

Früher einmal floss die Donau noch nicht wie heute gezähmt von Menschenhand, sondern wild und weit verzweigt, wie es ihr gefiel. Damals tummelten sich viele Fische im Strom, neben Huchen, Hausen, Karpfen und Hechten sogar die schlanken Forellen. Und wer besonders viel Glück hatte, konnte ein winziges Goldkörnchen aus dem Donauschotter klauben. Außerhalb der Stadtmauern Wiens, direkt an den Flussufern, hatten sich Fischer mit ihren Familien angesiedelt. Jahraus und jahrein nährten sie sich vom Fischfang, und sie lebten mehr auf dem Wasser als auf dem Lande. In diesem Fischerdörfchen soll sich eine wundersame Geschichte zugetragen haben:

Es geschah in einem klirrend-kalten Winter, wie er nur alle hundert Jahre vorkommt. Wochenlang herrschte Frost. Die Donau mit ihren Nebenarmen glich einer einzigen Eisfläche, an deren Rändern sich gewaltige Eisplatten türmten. In einer dieser Holzhütten rückten eines Abends der schon etwas ergraute Fischer und sein junger Sohn immer näher zusammen, um die wachsende Kälte nicht so stark zu spüren. Die beiden Männer flickten ihre Netze und unterhielten sich über lustige Erlebnisse des vergangenen Sommers. Nur ein brennender Kienspan leuchtete spärlich in den Raum hinein.

In der Nacht begann der alte Fischer von geheimnisvollen Wassergeistern zu reden. Er erinnerte sich an die Geschichten seines Vaters: So soll sich am Grund der Donau ein herrlicher Palast befinden – glitzernd und glänzend wie aus Diamanten zusammengefügt. Da wohnt ein mächtiger Wassermann, Neck genannt, mit seiner Frau und einer Schar von Töchtern, den Nixen. Diese Wasserwesen sind halb Mensch, halb Fisch. Statt der Beine besitzen sie einen schimmernden Schweif mit Schuppen und Flossen.

Mit dem Neck ist nicht zu spaßen. In hellen Mondnächten verlässt er oft sein Wasserreich und geht als Jäger verwandelt am Ufer spazieren. Wird er dabei von einem Menschen angesprochen, ist dieser augenblicklich verloren. Blitzschnell packt ihn der Wassermann und zieht ihn den Donaufluss hinab. Dort stehen reihenweise auf langen Tischen seltsame gläserne Glocken, in denen er die Seelen der Ertrunkenen gefangen hält.

Zwei Fischer fangen mit ihrem Netz einen Fisch.

Sanft gleitet die Donau – sie ist als Frau dargestellt – in der Landschaft. Sie ist umgeben von ihren Nebenflüssen, die der bekannte Wiener Künstler Moritz von Schwind ebenfalls als Menschen gemalt hat.

Auch die schlanken Nixen tauchen manchmal aus den Wellen ihrer Wasserwelt empor. Sind sie an Land, gleichen sie den anderen jungen Mädchen – nur ihr Kleidersaum fühlt sich etwas feucht an. Diese Wasserfrauen sind wunderschön und besitzen einen schlanken und biegsamen Leib. Manchmal gehen sie sogar bis in die Stadt und tanzen mit den Burschen. Beim ersten Hahnenschrei müssen sie aber zu Hause sein, sonst bestraft sie der Neck. Brodelt manchmal das Donauwasser am Morgen trüb auf und wirft Blasen, dann haben die Nixen von ihrem Vater Schläge bekommen.

Die Wassermädchen sind den Menschen gut gesinnt und haben auch früher oft die Fischer vor herannahenden Katastrophen wie einer Hochwassergefahr gewarnt. Doch ebenso können diese Wesen mit ihrem bezaubernden Gesang junge Männer verführen, die den lockenden Nixen willenlos in die unbekannten Tiefen der Donau folgen.

Nun verstummte der alte Fischer, sein Netz war ihm während des Erzählens zu Boden gesunken. Da sah der Sohn von seiner Arbeit auf, schüttelte den Kopf und maulte zurück: „So ein Blödsinn! Das sind doch alte Märchen. Die glaube ich dir nicht! Ich habe noch nie eine Nixe gesehen!" Mit einem Schlag war plötzlich die Stube grell erleuchtet. Vollkommen geblendet nahmen die Männer erst nach und nach ein zierliches Mädchen wahr, das von einem luftigen Schleiergewand umhüllt und mit gelben Seerosen im Haar vor ihnen stand. „Erschreckt nicht", hörten sie eine sanfte Stimme, „ich will euch nur warnen! Noch in dieser Nacht kommt ein Föhnsturm auf. Das Eis des

Stromes wird krachend zerbersten, Wassermassen werden sich über die Auen und über euer Fischerdörfchen ergießen. Rettet euch und flieht, sonst seid ihr verloren!" Und plötzlich war die Lichtgestalt wieder verschwunden.

Die beiden Männer blieben in der Stube zurück und wussten nicht, war es ein Traum oder Wirklichkeit gewesen? Vielleicht waren sie nur einem Spuk aufgesessen? Doch … sie vertrauten schließlich der Wasserfee. Rasch packten sie das Notwendigste zusammen und liefen hinaus, wo bereits ein Sturm zu toben begann. Aus jeder Hütte klopften sie die Familien heraus: „Kommt, wir müssen weg!" Und dann berichteten sie von der Warnung. „Das war das Donauweibchen", sagten die Ältesten unter den Fischern, „es erscheint immer, wenn uns Gefahr droht." Nun halfen alle zusammen, niemand blieb im Dorf zurück. Die kleinen Kinder und Kranken wurden getragen, die Haustiere mitgeführt und alle sicher in die höher gelegene Stadt gebracht.

Die Weissagung der Wasserfrau traf ein: In der gleichen Nacht brach die Flut herein und verwandelte die Uferlandschaften der Donau in einen unendlichen See. Die Wassermassen rissen alles mit sich fort. Erst nach vielen Wochen konnten die Fischer wieder zu ihren Plätzen an der Donau zurückkehren. Gemeinsam besserten sie die Schäden des Hochwassers aus und bauten das zerstörte Dorf wieder auf. Als der Frühling kam, besaß wieder jede Familie ihre Hütte. Zwar waren die meisten Fischer durch die Katastrophe noch ärmer als früher geworden, aber sie waren glücklich, mit dem Leben davongekommen zu sein. Und bald verdrängten die Dorfbewohner die schweren Tage aus ihrem Gedächtnis und widmeten sich wieder mit ganzer Kraft ihrem Alltag.

Nur einer konnte jene Schicksalsnacht und die Erscheinung des Donauweibchens nicht vergessen: der junge Fischersohn. Ständig vermeinte er, den süßen Klang ihrer Stimme zu hören, und eine große Unruhe trieb ihn, die Wasserfee Tag und Nacht zu suchen. Seine Sehnsucht nach ihr zerriss ihm fast das Herz. Rastlos ruderte er mit seinem Boot die vielen Arme der Donau unentwegt auf und ab. Manchmal glaubte er, ihr Gesicht umrahmt von den Seerosen im Wasser zu entdecken, doch wenn er sich näherte, verschwand es wieder. Kam er einmal kurz an Land, bestürmten ihn sein Vater und seine Freunde mit guten Ratschlägen. Aber ihre Worte blieben ihm seltsam fern, er nahm sie nicht an.

Eines Morgens sahen Fischer, die gerade auf dem Wasser beschäftigt waren, ein leeres Boot dahinschaukeln. Sie brachten es ans Ufer. Im Fischerdorf verbreitete sich sofort die Kunde des Fundes. Sorgenvoll eilte der alte Fischer herbei, denn dunkle Ahnungen erfüllten ihn. Er besichtigte das Boot, erkannte es, und stumm rannen ihm die Tränen herunter: Die Wassernixe hatte seinen Sohn mitgenommen.

Seither hat niemand mehr das Donauweibchen gesehen.

 stand.ort

Ein einsames Plätzchen am Donaufluss oder am Donaukanal mit Blick auf das unendliche Dahinströmen des Wassers, das von weit herkommend wieder weit entfernt im Meer einmünden wird …

 tipp!

Wer den Ort des ehemaligen „Fischerdörfels" aufsuchen möchte, kann sich in den 9. Bezirk begeben. In der Gegend der Roßauer Lände befand sich früher die Hauptsiedlung der Fischer von Wien. Die Seegasse erinnert noch daran, dass die Fischerhütten inmitten von Auen und viel Wasser gelegen sind. Wo heute der Donaukanal in einem gemauerten Bett rinnt, ist zur Zeit des Mittelalters jener Arm der weit verzweigten Donau geflossen, der am meisten Wasser geführt hat.

Die beiden Wassermädchen schweben träumend im Wasser. Ein Ungeheuer mit Glotzaugen bewacht sie in der Art, wie der Neck seine Töchter streng gehalten hat. Gustav Klimt hat dieses Bild vor 100 Jahren aufwändig mit echten Goldauflagen gestaltet. (Österreichische Galerie Belvedere, Wien)

was geschah wirklich?

Die Fischer lebten in alter Zeit außerhalb der Stadtmauern in einem kleinen Dorf, umgeben vom Wasser der Donau. Das Wasser bot ihnen Lebensunterhalt, doch schreckliche Überschwemmungen gefährdeten immer wieder ihr Leben. Besonders gefürchtet war im Wiener Raum der so genannte Eissstoß: In ausnehmend kalten Wintermonaten bildete sich Treibeis in großen Platten, die sich meterhoch auftürmten. Bei Hochwasser verstopften sie das Gerinne, und mit großer Geschwindigkeit ergossen sich dann die Wassermassen in die umliegenden Vorstädte. Betroffen waren insbesondere die Roßau und die Leopoldstadt – heute Teile des 9. und des 2. Bezirkes.

Diese immer wieder lebensbedrohende Situation der Bewohner verband sich mit einer sehr alten Vorstellung, dass im Wasser gefährliche wie auch hilfreiche Geister hausen. Die Donau bildete die Lebensader von Wien, und so wurde auch die Gestalt des Donauweibchens zu einem Wiener Wahrzeichen.

sagenhaftes + wunderliches

Als vor ungefähr 2000 Jahren die Römer im Raum Wien ihre Kasernen und Häuser bauten, errichteten sie auch Heiligtümer zu Ehren ihrer Götter. Nach ihrem Götterhimmel lebte in jedem Baum, in jeder Quelle, in jedem Fluss, jedem Berg und Stein ein Wesen. Der oberste Gott für das Meer war Neptun. Er hatte alle Macht über das Wasser und in Wien natürlich auch über die Flüsse. Die Griechen nannten den gleichen Gott Poseidon. In den Quellen und Brunnen wohnten niedere weibliche Naturgottheiten: die lieblichen Nymphen.

In der Sage wird auch von Wasserwesen erzählt: Der Beherrscher des Donauflusses bei Wien ist ein männlicher Nix, der auch Neck genannt wird. Dieser Wassermann hat aber mehr Ähnlichkeit mit einem bösen Wasserungeheuer, schlägt er doch die Nixen, lässt Menschen ertrinken und hält deren Seelen gefangen. Der Wassergeist besitzt ebenso wie die weiblichen Nixen die Fähigkeit, sich zu verwandeln und wie ein Mensch auf fester Erde zu erscheinen – es tropft immer nur etwas Wasser von der Kleidung.

Die Nixen verfügen – ähnlich den Nymphen – über geheimes Wissen: Sie können das Wetter vorhersehen und kommende Ereignisse prophezeien. Sie sind gut und gefährlich zugleich. Einerseits helfen sie den Menschen als Schutzgeister, doch anderseits verführen sie gerne junge Männer und ziehen sie in das Verderben. Ihre Schönheit und ihr betörender Gesang helfen ihnen dabei. Die Nixe ist als Wassergeist mit einem menschlichen Oberkörper ausgestattet, hat aber statt Beinen einen Schwanzteil wie ein Fisch.

16 daten & fakten | RAND DER STADT

Über die Liebe zwischen einer Wassernixe und einem Menschenmann gibt es viele Mythen. Doch diese Geschichten nehmen alle ein trauriges Ende: Der Mann verliert nach kurzem Glück sein Leben, und die Fischfrau kehrt in die Schwerelosigkeit der Wasserwelten zurück.

Liebesgeschichten dieser Art haben auch Dichter beschäftigt: Vor über 200 Jahren errang der Schriftsteller Friedrich Hensel mit seinem Stück „Das Donauweibchen" in Wien einen Riesenerfolg. Wenig später verfasste Ludwig Tieck in komplizierten Versen mit dem gleichen Titel ein Schauspiel, während Franz Grillparzer sich mit der Geschichte der schönen Nixe Melusine auseinander setzte.

geschichte.spezial

Vom Fischreichtum der Donau in alter Zeit gibt es viele Zeugnisse. Über 50 verschiedene Fischarten soll es im Mittelalter gegeben haben. Der Fischfang wurde von Berufsfischern ausgeübt, die wie die Handwerker in Zünften, Zechen und Bruderschaften organisiert waren. Bis in die Zeit um 1650 lebte der größte Teil der Donaufischer außerhalb der Stadtmauern im so genannten „Fischerdörfel". Diese Ansiedlung befand sich auf dem Gebiet des Schottenrings und erstreckte sich bis in die Roßau – heute der 9. Bezirk. Als im 16. Jahrhundert die Stadtbefestigung mit dem neuen breiten Glacis bis zur heutigen Berggasse ausgebaut wurde, mussten die Fischer weichen.

Zunfttafel der Wiener Donaufischer aus dem Jahr 1673. (Historisches Museum der Stadt Wien)

Ihre Ware brachten die Fischer zum größten Teil in die Stadt auf den Hohen Markt zum Verkauf. Ihr Weg von der Donau führte sie über die Fischerstiege – heute im 1. Bezirk – und durch das Fischertor. Sie trugen eine große Verantwortung für die Gesundheit der Bevölkerung, handelten sie doch mit einer besonders leicht verderblichen Ware. Lediglich der Fischbrunnen stand ihnen zum Kühlen zur Verfügung. Damit sie schneller verkaufen und nicht zu lange reden, wurde im Jahre 1340 befohlen, dass „die Fischer weder Sommer noch Winter Mäntel, Hüte oder Gugeln tragen dürfen, um ihre Kunden eiliger zu bedienen".

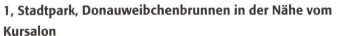 RAND DER STADT | **daten & fakten** 16

Die Donau trat in unterschiedlichen Zeitabständen bis vor etwa 30 Jahren über die Ufer. Von 1972 bis 1987 wurde die neue Donauinsel mit der parallel zum großen Strom verlaufenden „Neuen Donau" errichtet – und die Hochwasser im Gebiet der Stadt Wien gehörten der Vergangenheit an. Steigt der Pegel der Donau, werden die Schleusen zur Neuen Donau geöffnet.

wo gibt es noch etwas zu sehen?
1, Stadtpark, Donauweibchenbrunnen in der Nähe vom Kursalon

Im Jahre 1865 bekam der neu gegründete Wiener Stadtpark als seinen ersten figuralen Schmuck den Donauweibchenbrunnen von Hans Gasser. Die Statue des Donauweibchens musste allerdings inzwischen durch eine Kopie ausgetauscht werden – das Original befindet sich heute im Hotel Imperial. Im Historischen Museum der Stadt Wien am Karlsplatz ist eine etwas verkleinerte Fassung des Donauweibchens aus Marmor zu sehen, die der Künstler ebenfalls hergestellt hat.

Das Donauweibchen als Brunnenfigur
(Historisches Museum der Stadt Wien)

1, Freyung 2 (ident Herrengasse 14), Palais Ferstel, Donaunixenbrunnen

Diesen Donaunixenbrunnen im Innenhof schuf der Bildhauer Anton Dominik Fernkorn im Jahre 1861 nach den Entwürfen des Architekten Heinrich Ferstel (siehe sagen.weg Schottentor-Viertel).

17

Der Leopoldsberg lädt heute mit seinem Nasenweg zum Wandern und Entdecken ein. Früher einmal soll es hier ziemlich gefährlich gewesen sein …

Der Drache vom Leopoldsberg

Vor ungefähr 800 Jahren, als sich folgende Geschichte zugetragen haben soll, war Wien noch eine bedeutend kleinere Stadt als heute; der sie umgebende Wienerwald glich einem Urwald: Mächtige Bäume standen auf den Hügeln, und im dichten Unterholz hausten wilde Bären und Wölfe. Auch sonst war es nicht ganz geheuer, denn in Höhlen und anderen Verstecken verborgen hausten böse Untiere, die Drachen oder Lindwürmer genannt wurden. Diese waren besonders gefährlich, konnten sie doch mit ihren eidechsenartigen Krallenfüßen blitzschnell aus ihren Verstecken hervorkriechen. Manche von ihnen besaßen sogar Flügel, mit denen sie sich auch in die Lüfte erhoben, andere wiederum wiesen nur mehr Flugstummel auf. Einige trugen gleich sieben Köpfe, aus denen sie Feuer spieen. Diese Monster waren entschiedene Gegner der Menschen, die in Frieden leben wollten.

In jener Zeit wurde in Wien besonders viel gebaut. Für die Grundmauern benötigten die Handwerker eine Menge Steine. Eines Tages schickte ein reicher Wiener, der gerade begann, für seine Familie ein neues Haus zu errichten, die Bauarbeiter hinaus auf den Leopoldsberg. Dort würden sie genug Sand und Steine finden. So war es auch. Unermüdlich schaufelten die Männer Sand in die mitgebrachten Traggeräte und brachen die Felsen zu verwertbaren Steinen. Gleich in der Nähe entdeckten sie jedoch ein seltsam großes Loch, das ihnen geheimnisvoll erschien. Doch hatten sie keine Zeit zum Nachdenken und kehrten noch vor der Dämmerung schwer beladen in die Stadt zurück.

Am nächsten Morgen eilten sie abermals zum Leopoldsberg, um ihre Arbeit fortzusetzen. Es war ein warmer angenehmer Tag. Als sie zu der Stelle des Steinbruchs kamen, erstarrten sie vor Entsetzen: Vor dem Höhlenausgang – dem dunklen Loch – lag ein Drache in der Sonne und schlief. Er hatte seine kleinen Flügel so geschickt hochgestellt, dass sie einen Schatten auf seine Augen warfen. Dieser Drache schnarchte kräftig durch sein halb geöffnetes Maul und gab dabei schreckliche Töne von sich. Allen lief der kalte Schauer über den Rücken. Vorsichtig und ganz leise, um das Scheusal nicht zu wecken, machten die Leute kehrt und rannten nach Hause.

Sogleich verbreitete sich in Wien die Schreckensnachricht, dass am Berg bei der Donau ein Untier gesichtet worden sei. Alle Bewohner liefen zusammen, um sich zu beraten. Was sollten sie jetzt tun? Nach den Schilderungen der Arbeiter handelte es sich zwar um ein noch nicht ganz ausgewachsenes Untier, aber trotzdem wies es bereits alle todbringenden Drachenmerkmale auf: dreieckige Reißzähne, eine spitze und gespaltene Zunge, einen zackigen Rückenkamm und vor allem einen gewaltigen Ringelschwanz. Dieser Teil seines Körpers soll besonders giftig sein, berichteten die Experten für Drachen und Lindwürmer. Jeder, der ihn nur berührt, muss sterben.

Allen war klar, es musste schnellstens, aber trotzdem bis ins Kleinste hinein überlegt, gehandelt werden. Die Wiener waren zwar mutig, wollten aber dennoch kein zu großes Risiko eingehen. Sie beschlossen daher, das Scheusal nicht mit Schwert und Keule zu töten, sondern es mit List zu bezwingen: Der Drache musste gefangen werden! Einige geschickte Leute machten sich an die Arbeit, und bald war die Drachenfalle fertig. Sie bestand aus einer länglichen Kiste, die vorne, also auf der einen Breitseite, ein rundes Loch für den Kopf des Ungeheuers eingeschnitten und auf der anderen, hinteren Seite, einen Schiebedeckel hatte. Als Köder für den Drachen wählten sie ein Kälbchen aus.

Nun wurde von den Bewohnern eine Schar der kühnsten Männer ausgewählt. Diese machte sich im Morgengrauen mit dem festen Willen auf, den Lindwurm vom Leopoldsberg zu besiegen. Die Kiste und das Kälbchen führten sie mit sich. Doch das Tier spürte die Gefahr und bockte. Ein Bursche, der jüngste unter ihnen, nahm sich seiner an. Durch sein freundliches Zureden konnte es mitgezogen werden. Bald erreichten sie die Stelle vor der Höhle – vom Drachen war aber nichts zu sehen. Diese günstige Situation nutzten die Männer rasch und zügig aus: Vorsichtig ließen sie mit Seilen die mitgebrachte Falle von oben genau vor

Das Hauszeichen „Zum grünen Lindwurm" zeigt einen Drachen, der zwar keine Flügel besitzt, aber sonst alle Drachenmerkmale aufweist. Seine Zunge ist vergoldet. Der Stein befand sich früher am Haus in Wien 1, Singerstraße 4. (Historisches Museum der Stadt Wien)

dem dunklen Erdeingang herunter. Das arme Kälbchen wurde dann mit einer langen Schnur, damit es bei Gefahr weglaufen konnte, als Lockspeise vorne angebunden.

Plötzlich schoss der Drache – durch den Duft verleitet – aus dem finsteren Loch heraus – geradezu in die Kiste hinein. Der Kopf des Ungeheuers steckte nun fest in der dafür vorgesehenen Öffnung. Schon schnappte der rückwärtige Deckel zu und klemmte seinen Schwanz ein, so dass er weder vor noch zurück konnte. Da atmeten die Männer hörbar auf und schrien vor Freude durcheinander. Die Gefahr war gebannt! Keiner von ihnen war verletzt worden, und auch das Kälbchen hatte überlebt.

RAND DER STADT | **daten & fakten**

Der gefangene Drache sollte nun ausgeräuchert werden. Alle halfen zusammen und wälzten schwere Steine und Felsbrocken um das regungslose Ungeheuer. Dann schichteten die Leute Holz rundherum auf, bald prasselte ein Feuerring um den Lindwurm. Durch den qualmenden Rauch erstickte der Lindwurm. Nachdem die Asche verglüht war, holten die Wiener die Reste des Drachens hervor und zogen ihm zur ewigen Erinnerung seine Schuppenhaut ab.

Es dauerte noch einige Zeit, bis das geplante Gebäude in der Stadt fertig war. Aber dann erbat sich der Hausbesitzer die seltene und kostbare Drachenhaut, und hängte sie wie eine Trophäe als Hauszeichen über seine neue Eingangstür.

stand.ort
19, Kahlenbergerdorf, „Nasenweg" auf den Leopoldsberg
Zwar haben sich Drachen und Lindwürmer zurückgezogen, aber die wunderbare Kraft des Ortes und die schöne Aussicht auf Wien lohnen eine Besteigung des Leopoldsberges; sein höchster Punkt liegt auf 425 Meter.

tipp!
Unmittelbar hinter dem Haus Heiligenstädter Straße 357 beginnt der Steig, der auf den Leopoldsberg führt. Am Sonntagnachmittag ziehen viele Wiener den steilen „Nasenweg" hinauf. Wer Probleme in seinem Kopf wälzt, kann sie dann besser lösen. Für „Nicht-Nasen-Weg-Geher" führt ein Autobus über die Höhenstraße hinauf …

was geschah wirklich?
Der Leopoldsberg stellt einen Ausläufer des Kahlengebirges dar, dessen Name sich von „kahler Berg" ableitet. Der Steilabfall gegen die Donau war von Geröll und Schutthalden bedeckt. Dieses Vorkommen an Steinen ist in das Geschehen der Sage eingebunden. Erst seit der Erbauung der Leopoldskirche vor mehr als 300 Jahren hat der Gipfel nächst der Donau überhaupt eine eigene Bezeichnung erhalten, vorher hieß er ebenfalls Kahlenberg. Die Sage könnte deshalb auch den Titel „Der Drache vom Kahlengebirge" tragen.

Wien erhielt vor ungefähr 800 Jahren, genau im Jahr 1221, sein Stadtrecht. Mit der Gründung von größeren Städten drängten die Menschen die wild wachsende Landschaft zurück, die damals im Wiener Raum wirklich einem Urwald glich. Der Drache mit seinen elementaren Kräften kann auch ein Sinnbild für die ungezähmte Natur darstellen, die von den Menschen bezwungen wird. So gibt es auch von der englischen Hauptstadt London eine Drachensage. In Österreich ist die Gründung der Stadt Klagenfurt mit der berühmtesten Drachensage verbunden.

Im alten Wien gab es gleich mehrere Häuser, die den Drachen beziehungsweise den Lindwurm zu ihrem Zeichen hatten: In der Drachengasse in der heutigen Innenstadt erinnert noch das Haus „Zu den drei Drachen" daran. Andere Hausnamen hießen „Zum goldenen Drachen" oder „Zum schmeckenden Wurm" (früher Nummer 1, Lugeck 5 / Wollzeile 5, siehe sagen.weg Stubentor-Viertel). Als einzige Drachendarstellung hat sich das Hauszeichen „Zum Drachen" – früher auch „Zum grünen Lindwurm" – erhalten, das sich einmal auf einem Haus in der Singerstraße befunden hat und heute im Historischen Museum der Stadt Wien zu bewundern ist.

sagenhaftes + wunderliches

Der Lindwurm oder Drache ist kein reales Tier, sondern ein so genanntes Untier. Er gehört dem Reich der Fabelwesen an wie beispielsweise auch das Einhorn oder der dem Drachen verwandte Basilisk (siehe SAGE 13). Viele Völker unserer Welt erzählen sich Geschichten über vielgestaltige Drachen, aber nicht überall hat dieses Fabeltier die gleiche Bedeutung: In China zum Beispiel wurde er als guter Glücksdrachen verehrt. In Europa hingegen war er ein böses Monster, das gejagt und erlegt werden musste. Denn im Abendland galt der Drache oder Lindwurm als ein dem Menschen sehr gefährliches Untier; in der Bibel wird der Drache als Widersacher Gottes bezeichnet.

Schon im Namen Lindwurm oder Drache liegt eine besondere Aussage: Lindwurm heißt eigentlich so viel wie „Wurmwurm" oder „Schlangenwurm". Denn das Wort „lindi" kommt aus der althochdeutschen Sprache, steht für weich oder biegsam und kann daher auch Wurm oder Schlange bedeuten. Das Wort Drache hat hingegen seine Wurzeln in der altgriechischen und lateinischen Sprache: Die Römer wandelten die griechische Bezeichnung „dérkesthai" – das heißt übersetzt „scharf dreinblicken, wild dreinschauen" – in das Wort „draco" um. Der Drache leitet sich also von dem lateinischen Wort draco ab. Aber nicht nur der finstere Blick ist in vielen Mythen ein

Ein über 2,5 Meter langer Drache als Wiener Geschäftszeichen

Kennzeichen des Drachens, er besitzt auch außergewöhnliche Fähigkeiten. Dieses zauberische Ungeheuer beherrscht alle vier Elemente unseres Planeten: Denn der Drache besitzt Flügel und kann sich in die Luft erheben, er haust in den Tiefen der Erde, er schwimmt in Seen und Meeren, und schließlich speit er Feuer aus seinem Körperinneren.

Auch am Stephansdom gibt es Drachen wie diese beiden, deren lange Hälse sich ineinander verschlingen.

So ein Unheil bringender Drache ist schwer zu besiegen, meist gelingt das nur ausgewählten Helden bzw. Heiligen, wie dem heiligen Georg oder der heiligen Margarete. Die abgezogene Drachenhaut wird in den Märchen und Sagen als etwas Kostbares gehandelt – das ist kein Wunder, konnte sie nur unter Einsatz des Lebens und unter großen Gefahren errungen werden. Die Schuppenhaut diente auch – ebenso wie die abgeschnittene Drachenzunge – als Beweismittel, dass der Drache bestimmt getötet worden war.

Am Leopoldsberg gab es Grabungen nach Erz und Silber. Diese Bergwerksbetriebe waren nicht ertragreich und wurden bald aufgegeben – auch diese vorhandenen Bodenschätze könnten zur Sagenbildung beigetragen haben. Der Drache am Leopoldsberg soll aber nicht der einzige in der Wiener Gegend gewesen sein: Es gibt auch noch weitere sagenhafte Berichte aus Ober St. Veit, dem Laaer Wald und dem Hermannskogel.

geschichte.spezial

Der Hauptkamm des Kahlengebirges war früher eine Grenze. Schon vor über 700 Jahren stand eine Burg am Leopoldsberg (siehe SAGE 19). Er wirkt einerseits wie ein Wächter an der Donau, andererseits wie ein Zauberberg. Bereits tausende Jahre wurden von ihm die Menschen magisch angezogen, querten den Gipfel oder ließen sich nieder.

Archäologinnen und Archäologen fanden bei Ausgrabungen über 7000 Jahre alte geschliffene Beile aus der Jungsteinzeit. Als in den Jahren 1934/35 die Höhenstraße gebaut wurde, entdeckte man ein Gräberfeld aus der Bronzezeit, auch keltische Münzen kamen zum Vorschein. Die Funde waren eher zufällig, die Forscher nehmen an, dass mehr Interessantes aus alter Zeit im Leopoldsberg verborgen ruht. Die Rolle des Schatzhüters gehört auch zu den sagenhaften Aufgaben eines Drachens.

18

Der von seinem Pferd gestiegene Markgraf Leopold III. findet den verloren geglaubten Schleier seiner Frau Agnes auf einem Holunderstrauch. Seine Hunde haben ihm den Weg gezeigt. In der Ferne sind die Donau und der Leopoldsberg mit der sagenhaften Burg zu erkennen.

Darstellung der Schleierlegende
(aus dem Haupt-Urbar, 1513)

Der Schleier der heiligen Agnes

Vor vielen hunderten Jahren, als Österreich noch Ostarrichi hieß und ein viel kleineres Gebiet als heute umfasste, herrschte Markgraf Leopold III. über das Land. Es waren damals kriegerische und unruhige Zeiten, doch Leopold vermied jeden Kampf und lenkte mit Klugheit und Umsicht die Geschicke seiner Bewohner. Der junge Markgraf suchte auch ständig nach Verbündeten, um sich besser behaupten zu können. Er gehörte zum Geschlecht der Babenberger, und es gelang ihm, die Tochter des deutschen Kaisers zur Frau zu bekommen. Diese Heirat brachte Leopold noch größeres Ansehen.

Die Hochzeit von Leopold und der vornehmen Agnes fand auf der prächtigen Burg am Kahlengebirge statt, die das Brautpaar auch als Wohnsitz wählte. Von dort hatte man eine weite Aussicht auf das umliegende Land und fühlte sich geschützt und sicher.

An einem klaren Sonnentag stand das Paar am Söller dieser Burg. Wie es sich damals für eine verheiratete Frau gehörte, trug Agnes über ihrem Haar einen Schleier. Dieser stammte aus dem fernen Orient und war ein besonders schönes und seltenes Stück: Fein gewebt aus weißlich schimmernder Seide war er an seinen beiden Enden mit einer zarten Spitze verziert, die aus goldenen Fäden mit eingehängten Plättchen bestand.

Leopold und Agnes blickten über die üppige Landschaft, die wie ein dichter Urwald vor ihnen lag. In diesen Wäldern lebten wilde Bären, Wölfe und viele Wildschweine. Das saftige Grün der Bäume und Auen wurde nur vom Blau der weit verzweigten Donau unterbrochen. Erst vereinzelt gab es menschliche Ansiedlungen. Hier ließ sich gut Jagd und Ackerbau betreiben – für Nahrung war bestens gesorgt. Doch Agnes fehlte etwas: Sie wünschte sich eine Stätte, wo Musik und Wissenschaft gepflegt wurden, wo Bücher geschrieben und gesammelt wurden. Es sollte ein Haus des Friedens für die Menschen und ein Ort zur Ehre Gottes entstehen – also ein Kloster mit einer Kirche.

Leopold gefiel dieser Gedanke außerordentlich gut, sie beschlossen als Zeichen ihrer gemeinsamen Liebe ein stattliches Kloster zu gründen. Schon suchten ihre Augen vom hohen Söller nach einem guten Platz für den Bau, doch konnten sie keinen passenden entdecken. Wie sie so miteinander überlegten, beugte sich Agnes über die Brüstung des Söllers. Da kam plötzlich ein heftiger Windstoß auf und riss den Schleier der Markgräfin mit sich fort.

Die Burg am Leopoldsberg

Betroffen und traurig über den Verlust, versuchte Agnes sich die Richtung zu merken, in die ihr kostbarer Schleier von den Lüften fortgetragen worden war. Auch machte sich Leopold sofort mit einigen Getreuen zu Pferd auf die Suche. Sie waren überzeugt, bald den Schleier zu finden. Doch so sehr die Männer auch spähten und tagelang querfeldein durch die Wälder ritten – der Schleier der Agnes war spurlos verschwunden.

Auf den Tag genau neun Jahre später jagte Markgraf Leopold in den Auen der Donau am Fuße des Kahlengebirges. Kein Wild war ihm vor den Bogen gekommen, alles kam ihm sonderbar vor, wie ausgestorben wirkten die Fluren. Auf einmal begannen seine Jagdhunde aufgeregt ihre Schnauzen in die Luft zu stecken, nahmen Witterung auf und preschten durch das Gestrüpp davon. Leopold meinte, seine Hunde hätten endlich die Fährte eines großen Rehbocks oder Wildschweins ausgemacht. Er folgte ihnen.

Schnell galoppierte er auf seinem Pferd dahin, dann aber wurde das Dickicht immer undurchdringbarer. Markgraf Leopold musste absteigen. Er führte sein Pferd am Zügel und bahnte sich mit seinem Schwert den Weg, bis er schließlich zu einer kleinen Lichtung gelangte. Seine treuen Hunde verbellten – wie es ihre Art war, wenn sie ihm etwas besonders Wichtiges anzeigen wollten – mit leicht gesenktem Kopf einen Holunderstrauch. Leopold blickte genauer hin und bemerkte zu seinem großen Erstaunen, dass der weiße Brautschleier seiner Frau Agnes auf den Holunderzweigen hing. Und wie ein Wunder war der Schleier vollkommen unversehrt! Er sank in die Knie und blickte zum Himmel. Da schien es ihm, als ob sich die Wolken teilten und die heilige Mutter-Gottes Maria mit dem Jesuskind im Arm als helles Licht am Firmament stand.

Da erinnerte er sich an sein Gespräch mit Agnes, und er verstand die himmlische Botschaft: An der Stelle, wo er nach neun Jahren den Schleier auf dem Holunderbusch gefunden hatte, sollte nach Gottes Weisung und Fügung das geplante Kloster und die Kirche gebaut werden. Voll Freude kehrte er zur Burg zurück und brachte Agnes den Schleier.

Bald waren alle Vorkehrungen für den Bau einer herrlichen Klosteranlage an diesem Wunderort getroffen: Die Geldmittel wurden bereit gestellt, die Bauleute geholt, die Pläne gezeichnet. Nach einigen Jahren konnten die Mönche einziehen und mit ihrer

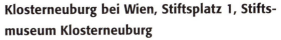

segensreichen Arbeit beginnen. Zur Erinnerung an das seltene Geschehen wurde der kostbare Schleier der heiligen Agnes im Kloster aufbewahrt und aus dem abgeholzten Holunderbaum ein riesiger, siebenarmiger Leuchter hergestellt.

stand.ort
Klosterneuburg bei Wien, Stiftsplatz 1, Stiftsmuseum Klosterneuburg

was geschah wirklich?
Markgraf Leopold III. hat im Jahre 1114 die Stiftskirche Klosterneuburg wirklich gegründet und

Auf dem Holunderstrauch liegt der seit neun Jahren verschollene kostbare Schleier.

das Stiftskloster unterstützt. Seine Frau Agnes, die Tochter des deutschen Kaisers, hat sicherlich einen großen Anteil daran gehabt. Doch wurden die Arbeiten und Ideen der Frauen nicht so geschätzt wie die der Männer: Leopold wurde bereits im Mittelalter heilig gesprochen, während Agnes nur in der Sage als heilig gilt. Die Legende schildert, dass die Stiftskirche und das Kloster nicht an irgendeinem Platz errichtet wurden, sondern durch die göttliche Vorsehung an einem ausgesuchten Ort. Wissenschaftlich lässt sich das Schleierwunder allerdings nicht beweisen.

Leopold III. und Agnes haben weder auf der Burg am Kahlenberg geheiratet noch dort gewohnt. Zu ihren Lebzeiten gab es diese Burg noch nicht. Erst ungefähr 150 Jahre nach Leopolds Tod wird eine Burg am Kahlenberg, heute Leopoldsberg, erwähnt. Seine Residenz hatte Markgraf Leopold III. im heutigen Klosterneuburg. Erst sein Sohn Heinrich II., genannt Jasomirgott, verlegte den Fürstensitz nach Wien und baute seine Burg auf dem Platz „Am Hof" (siehe sagen.weg Schottentor-Viertel).

sagenhaftes + wunderliches

Aus der Zeit von Leopold III. und Agnes haben sich im Stiftsmuseum zwei besondere Gegenstände erhalten, die in der Sage vorkommen und heute beinahe 900 Jahre alt sind: Ein hauchdünner Schleier aus Seide und ein fast 4,5 Meter hoher Leuchter. Diesen siebenarmigen Riesenleuchter nannten die Leute früher auch Holunderbaum. Er ist sehr aufwändig und kunstvoll gefertigt. Es wurde erzählt, im Inneren befinde sich das Holz jenes Baumes, auf dem der Schleier der Markgräfin Agnes gefunden worden war. Tatsächlich hatte er früher einen Kern aus Holunderholz; heute stützt ein Stahlrohr den durchbrochen gearbeiteten Leuchter aus Bronze.

Der kostbare Schleier wird heute in einem kleinen Altar aufbewahrt. Eine Wissenschaftlerin untersuchte das nicht mehr komplett erhaltene Stück: Der Schleier wies ursprünglich eine Länge von ungefähr 165 cm und eine Breite von 48 cm auf. Er besteht aus einem extrem feinen Seidengewebe, das vermutlich in Syrien oder Ägypten gewebt wurde. Es wäre durchaus möglich, dass Agnes diesen Schleier getragen hat.

Der weiße Schleier und der Holunderbaum haben eine sinnbildhafte Bedeutung: Der Holunderbaum gehört zu den heilkräftigen Pflanzen, die bei Krankheiten Wunder wirken können. Seine weißen Blütendolden ebenso wie der weiße Schleier können als Symbol für die heilige Jungfrau Maria stehen – die Stiftskirche in Klosterneuburg wurde „unserer lieben Frau", der Mutter-Gottes Maria geweiht.

Der siebenarmige Leuchter steht als Zeichen einer wunderbaren Aussage: Seine Form erinnert an einen Baum und soll eigentlich die „Wurzel Jesse" darstellen, also Jesus Christus. Die sieben Kerzen des Leuchters symbolisieren die sieben Gaben des Heiligen Geistes. Diese göttlichen Gaben für die Menschen sind Weisheit und Verstand, Rat und Stärke, Wissenschaft und Frömmigkeit sowie Gottesfurcht. Der kunstvolle Leuchter war bereits vor 900 Jahren außerordentlich kostbar. Mit ziemlicher Sicherheit stellt er ein Geschenk des fürstlichen Ehepaares Leopold und Agnes an das Kloster dar.

Dieser riesige, siebenarmige Leuchter wurde von den Leuten früher „Holunderbaum" genannt, da sich der Sage nach in seinem Inneren jenes Holz befinden soll, auf dem der Schleier der Agnes gefunden wurde. (Stiftsmuseum Klosterneuburg)

In dieser Sage über die Klostergründung sind viele Gedanken versteckt: Neun Jahre dauerte es, bis Leopold den Schleier entdeckt hat. In vielen Religionen spielen Zahlen eine große Rolle, jede Zahl hat eine bestimmte Aussage. Im Christentum ist eine heilige Zahl die Drei. Das Geheimnis der Heiligen Dreifaltigkeit wird damit ausgedrückt: Gott-Vater, Gott-Sohn und Gott-Heiliger-Geist. Die Neun bedeutet eine besondere Power-Zahl, wird doch die heilige Drei nochmal verdreifacht! Die starke Neun versinnbildlicht, dass eine überirdische Kraft an diesem Ort seine Wirkung entfalten soll. Doch findet sich in vielen Sagen und Mythen anderer Religionen ebenfalls die magische Neun – meist als Glückszahl. Dass der Schleier durch die Hunde des Markgrafen aufgefunden wurde, hat seine Bedeutung: Tiere – etwa Pferde oder hier mehrere Hunde – helfen dem Menschen, verborgene Dinge zu finden, sie weisen ihm den Weg.

geschichte.spezial
Leopold III. gehörte dem Geschlecht der Babenberger an und herrschte ungefähr 40 Jahre lang als Markgraf von Österreich. Durch seine Heirat mit der Kaisertochter Agnes stieg er zu den bedeutendsten Fürsten seiner Zeit auf. In jene Zeit fällt auch zum ersten Mal die Bezeichnung Austria für Österreich. Österreich bestand damals nur aus Teilen des heutigen Oberösterreich und Niederösterreich. Leopold wählte Klosterneuburg zu seinem Hauptsitz. Doch in den letzten Lebensjahren des Babenberges gelangte Wien unter seine unmittelbare Herrschaft. Durch seine vielen Aktivitäten legte Leopold den Grundstein zur späteren landesfürstlichen Residenzstadt.

Das Ehepaar Leopold III. und Agnes hatte 17 Kinder, die nicht alle am Leben blieben. Aus den Skelettfunden weiß man heute, dass Leopold eine kräftige und athletische Gestalt aufwies: Er war ungefähr zwischen 177 und 180 cm groß. Leopold wurde bei einer Jagd von einem tödlichem Speer getroffen und starb am 15. November 1136. Heute ist Leopold III., der Heilige, der Landespatron von Niederösterreich, Wien und Oberösterreich. An seinem Todestag – dem Leopolditag am 15. November – haben alle Kinder in diesen Bundesländern keine Schule und dafür Zeit zum Feiern.
Wenige Jahre nach der Gründung des Klosters übergab Leopold III. dieses dem Orden der Augustiner Chorherren.

wo gibt es noch etwas zu sehen?

1, Graben, Leopoldsbrunnen
Diesen Brunnen schuf der Bildhauer Johann Martin Fischer im Jahre 1804. Die große Figur aus Blei stellt den Babenberger Markgraf Leopold III., genannt den Heiligen, dar. Vor ihm steht ein Knabe, eigentlich ein Engel, der ihm eine Rolle mit dem Plan für die Stiftskirche zu Klosterneuburg zeigt. Am Sockel sind Reliefs aus Metall angebracht, die die Auffindung des Schleiers und die Gründung von Klosterneuburg darstellen.

19

Ein warmer Sommertag: Kaiser Rudolf II. unternimmt mit seinen beiden Brüdern gerade einen kleinen Spaziergang in der Nähe des Schlosses Neugebäude. Die elegant gekleideten Herren haben ihre Reitknechte mitsamt den Pferden am Waldrand zurückgelassen. Zwischen den Bäumen schimmert die riesige Anlage des Neugebäudes mit dem kunstvoll gestalteten Garten hervor, die sein Vater Maximilian hat errichten lassen.

Ein Bauer eilt mit seiner Tochter auf dem Weg von der Simmeringer Pfarrkirche Sankt Laurenz herbei, um dem Kaiser zu huldigen. Kaiser Rudolf steht in der Mitte zwischen seinen Brüdern. Hinter ihm hat sich sein Gefolge versammelt.

Am linken Bildrand hat sich der Maler selbst dargestellt – er schaut aus dem Bild heraus. Valckenborch trägt die dunkle Tracht des Hofmannes mit einer kleinen modischen Halskrause. Ein rot gekleideter Türke stützt sich auf den Künstler und zeigt in Richtung Neugebäude, als wolle er über die sagenhafte Entstehung des Schlosses berichten.

Das Neugebäude, um 1592. Ölgemälde von Lucas van Valckenborch (Historisches Museum der Stadt Wien)

Die Löwenbraut im Neugebäude

Eine Meile außerhalb der Stadtmauern von Wien erhob sich in der Simmeringer Heide ein riesiges Schloss. An klaren Tagen schimmerten seine steilen Dächer und Türme weithin, dass die Wiener es sogar vom Stubentor aus sehen konnten. Manche meinten, das Schlossdach wäre mit purem Gold gedeckt.

Kaiser Maximilian II. hat es erbauen lassen. Dort soll während der Belagerung von Wien im Jahr 1529 die prächtige Zeltburg des osmanischen Sultans Süleyman gestanden sein. Der Sultan hatte sie damals bei seinem überstürzten Abzug nicht mehr mitnehmen können. Daraufhin wurde diese Zeltstätte von den Wienern abgerissen. Aber der Kaiser ließ ein gigantisches Abbild des Sultanzelts genau an dieser Stelle errichten – nun fest aus Stein gemauert.

Zu diesem neuen Lustschloss – das den Namen Neugebäude erhielt – gehörte ein weitläufiger Garten, den alle Besucher als ein Paradies auf Erden empfanden. Seltene Früchte und exotische Pflanzen wurden dort gezüchtet und geerntet:
Aus der Türkei kamen die herrlichsten Tulpenzwiebeln und wunderbar duftender Flieder, aus Persien eine majestätische Lilienart. Über Spanien fand die Kartoffel ihren Weg nach Wien, doch wurde sie damals nur als Zierpflanze gehalten – die modebewussten Herren steckten sich die blasslila Kartoffelblüten als Schmuck in ihr Knopfloch. Die feine Gesellschaft am Hof hatte keine Ahnung, wie köstlich die Kartoffeln schmecken können, wenn sie gekocht werden.

Aber die ganz große Liebe von Kaiser Maximilian gehörte den Tieren – speziell den großen Wildtieren aus fernen Ländern. Mit den Befugnissen eines Kaisers verwirklichte Maximilian zielstrebig seine Träume: Einen Teil seines Schlosses Neugebäude ließ er für einen Tiergarten reservieren. Die friedlichen Tiere wie die Mufflonziegen oder die edlen Pferde erhielten einen großzügigen Auslauf. Daneben wünschte sich der Kaiser einen eigenen Löwenhof, denn diese großen Raubkatzen hatten es ihm besonders angetan.

Drei große, von Eisengittern umschlossene, nach oben offene Zwinger waren für seine Lieblinge, die Raubkatzen, bestimmt. Maximilian kaufte vorerst einen Löwen und bald danach ein Weibchen. Der Kaiser hoffte, es würde ihm gelingen, was bisher in dieser Gegend unmöglich war: die Geburt von Löwenbabys.

Alles wurde bestens ausgestattet. Ein eigener Wärter und ein Knecht waren nur für die Löwen zuständig. Sie versorgten diese mächtigen Tiere täglich mit Unmengen Rindfleisch, vermischt mit Leber. Im daneben liegenden Teil des Schlosses war im Erdgeschoß die Wohnung des Wärters, der Löwenmeister genannt wurde, untergebracht, während aus dem oberen Stock die Tiere über den Hof hinweg gut beobachtet werden konnten.

Und wirklich: Zur großen Freude stellte sich im kaiserlichen Löwenhof Nachwuchs ein. Von weit her reisten die Gäste des Kaisers an, um das Wunder zu bestaunen. Bald gab es eine weitere Attraktion zu vermelden. Die Tochter eines Gärtners hatte sich mit einem kleinen Löwen angefreundet. Irgendwie war es ihr gelungen, den kleinen Kerl zwischen den Gitterstäben durchzuziehen. Das Mädchen schloss diesen trolligen Löwen fest in ihr Herz, trug ihn mit sich umher und spielte mit ihm. Seither folgte er ihr zahm wie ein Hündchen.

Das Tiergehege des Neugebäudes, um 1715

Als der Löwe größer wurde, musste er im Gehege bleiben. Er bekam einen eigenen Käfig, und das Mädchen besuchte ihn jeden Abend. Furchtlos öffnete sie die schwere Gittertür und brachte ihm besondere Leckerbissen. Vorsichtig nahm der Löwe die geschnittenen Fleischhappen aus ihrer Hand und ließ sich nachher seine Mähne kraulen. „Du bist mein gutes Tier", versicherte ihm dann das Mädchen, „mein lieber Freund. Ich werde immer bei dir bleiben." Da rollte sich der Löwe zufrieden zu ihren Füßen hin.

So vergingen einige Jahre, und das Mädchen wurde erwachsen. Ein Mann hielt um ihre Hand an. Das bedeutete, sie musste nicht nur aus dem wunderbaren Garten ausziehen, sondern auch ihren Löwen verlassen. Der Tag des Abschieds kam schneller als gedacht. Sie strich dem Löwen noch ein Mal über die Augen – das liebte er besonders – und erzählte ihm von ihrer morgigen Hochzeit. Traurig verließ sie den Zwinger, auch der Löwe blieb mit gesenktem Haupt zurück.

Am nächsten Morgen kleidete sich die junge Frau besonders festlich an: Ein glänzendes Kleid mit einem weiten, schwingenden Rock machte sie noch schöner. Ihre Freundin half ihr beim Frisieren und steckte ihr einen kunstvollen Myrtenkranz ins

Haar. Bevor der Bräutigam eintraf, beschloss sie spontan, noch ein letztes Mal bei ihrem geliebten Löwen vorbeizuschauen.

Sie schob die schwere Eisengittertüre auf. Der Löwe blickte zu ihr, und ein schmerzvolles Gebrüll tönte ihr entgegen. In diesem Augenblick eilte ihr Bräutigam herbei, voll Angst, es könne ihr etwas geschehen. Als der Löwe den fremden Mann sah, stürzte er sich auf seine Menschenfreundin und riss sie mit seinen gewaltigen Pranken nieder. Aus den tiefen Wunden schoss das Blut auf den Boden, und das Leben entwich aus ihr.

Voll Entsetzen hatte vom ersten Stock des Wärterhauses der Löwenmeister dieses Schauspiel gesehen. Er griff zu seinem Gewehr, und ein gezielter Schuss tötete den wild gewordenen Löwen. Dieses Ereignis sprach sich in Wien schnell herum. Noch viele hunderte Jahre später erzählten sich die Menschen das tragische Schicksal der Löwenbraut.

stand.ort

11, Neugebäudestraße, Schloss Neugebäude
Derzeitiger Schlosseingang: 11, Meidlgasse

tipp!

Lange Zeit war das kaiserliche Lustschloss Neugebäude dem Verfall preisgegeben, und fast wäre es zu einem Geisterschloss geworden. Nun wird es belebt: Es gibt spezielle Führungen durch das Schloss, ebenso finden Veranstaltungen statt.

was geschah wirklich?

Damals war Simmering noch ein kleines Dorf: Im Jahr 1569 begann der Bau dieser riesigen Schlossanlage auf der Simmeringer Heide in der Nähe der Donau-Auen. Kaiser Maximilian II. war der Bauherr. Er besaß bereits das Schloss Ebreichsdorf in Simmering. Deshalb erhielt nun das neu errichtete Schloss den Namen Neugebäude.

Alle Zeitgenossen bewunderten dieses Wunderschloss mit seinem Zaubergarten: Seltene Pflanzen wuchsen dort, und im Tiergehege vermehrten sich die Löwen trotz ihrer Gefangenschaft und des rauen Klimas. Ungefähr 100 Jahre nach der Erbauung des Schlosses kam es zu einem tragischen Zwischenfall im Löwenzwinger, bei dem die Frau eines Tierwärters angefallen wurde.

Diese dramatische Geschichte blieb in Wien jahrzehntelang im Gespräch. Sie soll der Grund dafür gewesen sein, dass Maria Theresia im Jahre 1752 bei der Neugründung des Tiergartens im Schloss Schönbrunn absolut keine Raubtiere zulassen wollte. Die Löwen und Tiger verblieben daher weiterhin im Neugebäude. Erst einige Jahre nach dem Tod der Herrscherin wurden die Tiere ebenfalls nach Schönbrunn umgesiedelt.

Berühmt geworden ist eine Ballade des deutschen Dichters Adalbert von Chamisso mit dem Titel „Die Löwenbraut": Wie in der Sage findet auch in diesem Gedicht die Freundschaft zwischen einem Löwen und einem Mädchen knapp vor dessen Hochzeit ein schreckliches Ende.

sagenhaftes + wunderliches

Trotz aller Pracht waren die Dächer des Schlosses nicht mit Gold, sondern mit Kupferblech gedeckt. Die Wiener munkelten, Kaiser Rudolf II. habe sich dorthin heimlich zurückgezogen und sich mit alchemistischen Versuchen beschäftigt, um künstlich Gold herzustellen (siehe SAGE 9).

Die Sage berichtet, dass das Neugebäude an einem ganz bedeutsamen Ort angelegt wurde: Nämlich genau dort, wo im Jahr 1529 während der Belagerung von Wien die Zeltburg des osmanischen Sultans Süleyman aufgeschlagen worden war. (siehe SAGE 6). Stand wirklich diese Idee dahinter? Immerhin kennt der Maler Valckenborch 63 Jahre später diese Geschichte. Denn er fügt auf seinem Bild über das Neugebäude einen Türken neben sich ein, der auf das Schloss zeigt. Valckenborch hat dieses Gemälde im Auftrag der Kaiserfamilie gemalt, er war sogar mit dem Erbauer des Schlosses, mit Kaiser Maximilian II., befreundet.

Mit seinen vielen Türmen und Mauern erinnert das Neugebäude teilweise an türkische Vorbilder. Auch wurden im Garten Pflanzen aus der Türkei heimisch gemacht. Wo die Zeltburg von Sultan Süleyman wirklich punktgenau gestanden ist, lässt sich heute leider nicht mehr nachweisen – irgendwo zwischen St. Marx und Kaiser-Ebersdorf.

Ein türkischer Landsmann macht den Maler Valckenborch darauf aufmerksam, dass das Neugebäude auf einem besonderen Ort steht.

Auch die Türken glaubten, dass das Zelt ihres Sultans den Standort des Neugebäudes bestimmte. Nach unserem heutigen Wissen hielt ein türkischer Geschichtsschreiber zuerst im Jahr 1665 diese sagenhafte Geschichte fest, und sie stimmt mit der Wiener Erzählung überein. Auch der osmanische Großwesir Kara Mustafa kannte die Geschichte: Bei seinem Feldzug 1683 gegen Wien verschonte er das Neugebäude – er zerstörte es nicht. Für die Türken bedeutete das Neugebäude fortan eine besondere Sehenswürdigkeit und einen heiligen Ort, der später von vielen türkischen Reisenden aufgesucht wurde.

Das Zeltlager des Sultan Süleyman vor Wien im Jahr 1529. (Ausschnitt aus der Rundansicht der Stadt Wien von Niklas Meldemann, 1529. Historisches Museum der Stadt Wien am Karlsplatz)

geschichte.spezial

Kaiser Maximilian II. (geboren 1527, gestorben 1576) lebte in einer Zeitepoche, die Renaissance genannt wird. Als Herrscher förderte er besonders die Wissenschaften. Schon als junger Prinz hatte er 1552 aus Spanien den ersten Elefanten nach Wien mitgebracht. Die Wiener staunten bei einer Vorführung am Graben über den riesigen Dickhäuter, den sie noch nie gesehen hatten, und der eigentlich die gleiche Farbe wie eine kleine Maus besaß.

Für seine Hofgärten ließ der Kaiser aus den Niederlanden einen eigenen Gelehrten kommen. Dieser Botaniker hieß eigentlich Charles de l'Escluse, nannte sich aber nach der lateinischen Sprache – wie es damals Mode war – Carolus Clusius. Er hatte die Aufgabe, die schönsten Pflanzen aus der ganzen Welt im Neugebäude heimisch zu machen.

Im Neugebäude legte Clusius den ersten botanischen Garten im Wiener Gebiet an. Die farbenfrohe Blumenwelt der Tulpen und des Flieders gelangte auf friedlichem Weg aus der Türkei nach Österreich. Denn in der Zeit zwischen den beiden osmanischen Belagerungen 1529 und 1683 reisten Botschafter in die ferne Hauptstadt Konstantinopel, um den Waffenstillstand zu verlängern und Grußbotschaften auszutauschen. Sie alle waren begeistert von der Blumenpracht des Orients und schickten Clusius Blumenzwiebeln und Sämereien.

20

Im Süden Wiens, an der Triester Straße, steht seit vielen hunderten Jahren die Steinsäule „Spinnerin am Kreuz". Niemand weiß genau, wie diese merkwürdige Bezeichnung entstanden ist, doch die Menschen haben sich viele Geschichten über ihre Errichtung erzählt.

Blick auf Wien von der Spinnerin am Kreuz, Rudolf Alt, 1841

Die Spinnerin am Kreuz

Weit draußen vor den Stadtmauern Wiens stand – vor langer Zeit – auf der Höhe des Wienerberges ein schlichtes Kreuz aus Stein. Wer die Stadt in Richtung Süden verließ, rastete hier noch einmal, bevor er endgültig in die Fremde aufbrach. Und wer wiederum von weit her in die Stadt wollte, sah von diesem Kreuz aus zum ersten Mal in der Ferne die Dächer und Kirchtürme Wiens.

Bei diesem Kreuz umarmte eine sehr hübsche Frau ihren Mann und wollte ihn nicht loslassen. Das junge Paar hatte erst vor kurzem geheiratet, doch jetzt mussten sie Abschied nehmen. Ihr Mann wollte, so wie viele andere unternehmungslustige Wiener, unbedingt an einem Kreuzzug in das Morgenland teilnehmen. Bis zu den Stadttoren war eine große Menschenmenge mit den bewaffneten Kreuzrittern mitgezogen, sie aber hatte ihren Mann noch hinaus bis zu dem Kreuz begleitet. Weiter konnte sie allerdings nicht mehr mitgehen, und Tränen standen ihr in den Augen.

Schon wälzte sich das Kreuzritterheer auf der staubigen Straße weiter nach Süden – in Venedig wollte es sich einschiffen. Endlich riss sich auch der Ritter von ihr los, um den Anschluss nicht zu versäumen. „Ich werde jeden Tag hier auf dich warten," sagte sie leise, „und ich werde immer an dich denken. Komm wieder gut nach Hause!" Er blickte noch einmal zu ihr zurück und eilte seinen Kameraden nach.

Die Frau fühlte sich sehr einsam und verzagt. Jeden Tag kam sie zu dem großen Kreuz am Wienerberg und sah sehnsüchtig in das von Hügeln umgebene Land hinein. Immer quälte sie die Angst, ihrem geliebten Mann könnte im Krieg etwas Schreckliches geschehen. Nur wenn sie bei diesem Steinkreuz am Wienerberg länger verweilte, fand sie auch ihre innere Ruhe wieder. Da beschloss sie, die Zeit des Wartens zu nützen: Feine Fäden aus Wolle und Leinen zu spinnen, war eine Arbeit, bei der man am besten nebenbei denken und träumen konnte.

So saß sie nun mit ihrer Spindel bei dem Kreuz und spann und spann. Die vielen Reisenden und Kaufleute gewöhnten sich mit der Zeit an die Anwesenheit der schlanken, schönen Spinnerin, als ob sie immer schon da gewesen wäre. Ob nun die Sonne schien, oder der Regen peitschte – nichts konnte sie abhalten. Sogar im Winter arbeitete sie eingehüllt in ihrem pelzverbrämten Suckl – einem warmen Kleiderüberwurf – am Wienerberg.

Als wieder der Frühling kam, kehrten Scharen von Kreuzfahrern über den Wienerberg in die Stadt zurück. Jedem von ihnen sah sie ins Gesicht, aber ihr Mann war nicht darunter. Unentwegt fragte sie nach ihrem Mann, doch niemand wusste irgendetwas von ihm. Sie aber spürte, dass er noch am Leben sein musste, und harrte beim Kreuz aus, wie sie es versprochen hatte.

Die Spinnerin wartet täglich beim Kreuz am Wienerberg auf die Heimkehr ihres Mannes aus dem Heiligen Land.
(Wiener Bilderbogen von Moritz von Schwind, um 1834)

Es verrannen drei Jahre. Von Wind und Sonne war das Gesicht der jungen Frau tief gebräunt, und die Strapazen waren ihr anzumerken. Ihre gesponnene Ware verkaufte sich gut, sie konnte einiges Erspartes zurücklegen. Doch von ihrem Mann gab es keine Nachricht – weder eine gute noch eine traurige. Es schien ihr, als habe sie der Himmel in ihrem Unglück vergessen.

Da betete sie mit der ganzen Kraft ihres Herzens zu Gott, dass er ihrem Mann und ihr helfen möge. Und sie gelobte, dass sie statt des einfachen Kreuzes eine kunstvolle Denksäule aus Stein werde errichten lassen, sollte ihr Mann wieder zurückkommen. Ihr gesamtes Geld, das sie durch das Spinnen verdient habe, würde sie dafür aufwenden.

Einige Tage später, die Sonne war bereits untergegangen, packte die junge Frau gerade ihr Spinngerät zusammen. Da kam ein einsamer zerlumpter Wanderer des Weges. Mühsam schleppte er sich vorwärts und wenige Meter vor dem Kreuz verließen ihn plötzlich seine Kräfte. Die Spinnerin ließ alles fallen und eilte schnell zu ihm hin, so dass sie dabei ihren Schleier verlor. Als sich die Frau über den Mann beugte, schlug er die Augen auf – und sie erkannten einander. Der Fremde war ihr lang herbeiersehnter Mann! Stumm vor Freude umarmten sie sich, dann weinten und lachten sie zugleich. Doch war er so schwach, dass sie Hilfe holen musste.

Wieder zu Hause erzählte der Kreuzritter seiner Gemahlin von seiner schrecklichen Gefangenschaft im Heiligen Land, bei der er fast verhungert wäre. Durch eine abenteuerliche Flucht konnte er sich allerdings aus der Sklaverei befreien. Nun musste er sich

RAND DER STADT | daten & fakten

Die Steinsäule Spinnerin am Kreuz

zu Fuß durchschlagen, und nur durch ein Wunder haben seine Kräfte gerade noch bis zum Wienerberg gereicht.

Trotz aller Mühen hat der Ritter jedoch ein kleines, aber äußerst kostbares Geschenk für seine Frau mitnehmen können. Er überreichte ihr ein kunstvoll gefaltetes Papier. Darinnen befanden sich eine größere Anzahl orangeroter feiner Fäden, von denen ein feiner, aromatischer Duft ausging. Der Mann berichtete ihr, dass dieses Gewürz aus dem Blütenkelch der Heilpflanze Safran stammt und dass es um viel Geld im Orient gehandelt wird.

Die Spinnerin war überglücklich über diesen guten Ausgang. Mit großer Dankbarkeit erfüllte sie ihr Gelübde: Sie nahm ihr erspartes Geld und suchte den besten Baumeister weit und breit auf. Dieser entwarf eine hohe, schlanke Kreuzsäule, die an der Stelle des alten Kreuzes am Wienerberg erbaut wurde. Die Wiener aber nannten dieses neue Wahrzeichen in Erinnerung an die wartende Frau mit der Spindel „Die Spinnerin am Kreuz".

stand.ort
10, Triester Straße bei Nr. 52
Vor 550 Jahren wurde diese schlanke Steinsäule, die heute die Bezeichnung „Spinnerin am Kreuz" führt, auf einer Anhöhe außerhalb der Stadt Wien errichtet. Der bekannte Dombaumeister Hans Puchsbaum hat sie entworfen. (siehe SAGE 1).

Damals war der Wienerberg noch nicht verbaut, und die Spinnerin am Kreuz stand daher weithin sichtbar an der Fernstraße nach Süden. Heute muss man die Steinsäule am Rand der Triester Straße suchen, obwohl sie immerhin 16 Meter hoch ist. Sie wurde schon mehrmals renoviert, doch nie aus Verkehrsgründen versetzt – sie hat also ihren jahrhundertealten originalen Standplatz behalten können.

tipp!
Auf der Rückseite der berühmten Steinsäule befindet sich eine Inschrift: „Erbaut von der Stadt Wien im Jahre 1452".

daten & fakten | RAND DER STADT

was geschah wirklich?

Die Steinsäule „Spinnerin am Kreuz" gehört zwar zu den bedeutendsten Wahrzeichen Wiens, doch gibt sie ihr Geheimnis trotz vieler Nachforschungen nicht preis. Die romantische Geschichte des Kreuzritters und seiner auf ihn wartenden Frau unternimmt den Versuch, den seltsamen Namen „Spinnerin am Kreuz" zu erklären. Doch war die Zeit der Kreuzzüge längst vorbei, als dieses Denkmal erbaut wurde. (siehe SAGE 7).

Nicht eine schöne Spinnerin, sondern die Bürger der Stadt Wien gaben vor über 550 Jahren dem berühmten Dombaumeister Hans Puchsbaum (siehe SAGE 1) den Auftrag, an Stelle eines alten Steinkreuzes ein vollkommen neues, kunstvolles Kreuz zu entwerfen. Im Jahr 1452 war dann der Bau dieser herrlichen Steinsäule endlich abgeschlossen, die in den erhaltenen Urkunden als „das neue steinerne Kreuz" bezeichnet wird.

Mit der Spindel konnte ein besonders feiner und fester Faden hergestellt werden.

Im Jahre 1709 – also 257 Jahre nach ihrer Errichtung – spendete eine anonym gebliebene Person viel Geld für die Renovierung dieser Kreuzsäule. In den dazugehörigen Urkunde wird zum ersten Mal erwähnt, dass die Bevölkerung inzwischen für dieses Denkmal einen anderen Namen gefunden hat: die „Kreuz-Spinnerin", oder auch nur „Spinnerin" oder „Spinnerin-Kreuz". Nach wie vor rätseln die Wissenschaftler über die wirkliche Herkunft des Namens „Spinnerin am Kreuz", der vor 200 Jahren üblich wurde.

sagenhaftes + wunderbares

Die „Spinnerin am Kreuz" steht an einem bedeutsamen Weg nach dem Süden, an dem schon vor ihrer Erbauung ein Kreuz errichtet wurde. Doch niemand konnte bisher das Alter dieses Vorgängerkreuzes herausfinden. Manche meinen sogar, auf dem Wienerberg befand sich ein alter Kultplatz mit einem Steindenkmal – doch dafür gibt es keinen Beweis.

RAND DER STADT | **daten & fakten**　**20**

Für die Stadt Wien stellte früher der Ort der Spinnerin am Kreuz durch seine hervorgehobene und unbesiedelte Lage etwas Besonderes dar: Er bedeutete einen wichtigen Platz des Abschieds wie auch des Willkommens. Von diesem erhöhten Standplatz konnte man einst einen ausgezeichneten Überblick bekommen – abziehende, aber auch angreifende Heere sammelten sich deshalb besonders oft an dieser Stelle weit vor den Stadtmauern.

Gleich in der Nähe befand sich die älteste Hinrichtungsstätte der Stadt Wien mit einem gemauerten Galgen. Einige Sagen bringen deshalb das Denkmal der Spinnerin am Kreuz in Zusammenhang mit den unglücklichen Menschen, die dort zum Tode verurteilt wurden: So sollte durch Verleumdung ein Müller mit dem Namen Spinner gehenkt werden, doch klärte sich die Sache rechtzeitig auf, und er kam mit dem Leben davon. Zum Dank stiftete er die schöne Steinsäule.

Eine andere Sage berichtet wiederum von einer Goldspinnerin, die ein Verbrechen begangen habe und zur Buße ihr ganzes Vermögen für die Armen und für dieses Steinkreuz hergab. Neben diesen sagenhaften Worterklärungen meinen manche Forscher auch, dass die Spinnerin am Kreuz ursprünglich eine Totenleuchte für die Hingerichteten dargestellt habe.

geschichte.spezial

In Wiener Neustadt auf der Wiener Straße steht ebenfalls außerhalb der Stadt eine Steinsäule mit dem Namen „Spinnerin am Kreuz". Sie weist eine Höhe von 20 Meter auf und ist daher um vier Meter höher als die Wiener Denksäule. Auch ist sie um 70 Jahre älter und wurde nach dem Entwurf Meister Michaels von Wiener Neustadt, genannt Michael Chnab, gebaut. Ihre Bezeichnung erhielt sie aber ungefähr zu gleicher Zeit wie die „Spinnerin am Kreuz" in Wien.

Spindeln aus dem Mittelalter zum Spinnen eines Fadens

reingard witzmann | HERZLICHEN DANK!

Neues zu probieren, ist immer waghalsig, und der Ausgang bleibt ungewiss. In diesem Buch soll die Vernetzung zwischen tradierter Erzählung, authentischem Ort und historischer Realität aufgezeigt werden. Als Schutzumschlag im doppelten Sinne des Wortes wurde die älteste Darstellung von Wien ausgewählt, die aus einem Altarbild aus der Zeit um 1440 stammt. Sie zeigt die Stadt, angedeutet durch die Dächer und Kirchturmspitzen. Doch bleiben die Häuser hinter einem grünenden Hügel verborgen. Geheimnisvolle rote Wege kreuzen die Landschaft, in der die Hirten mit ihren Hunden spielen. Das Stadtleben ist nur zu erahnen. Die Mythen dieses Mikrokosmos öffnen uns die Tore zu Vorstellungen über unsere Welt.

Dieses Vorhaben wäre nie verwirklicht worden, wenn nicht viele wohlwollende und hilfreiche Menschen es begleitet hätten:

Dank den neugierigen Kindern, die mich gelehrt haben, dass die Buntheit unseres Planeten nicht unbedingt mit grellen und platten Farben ausgedrückt werden muss. Auch Kinder erheben Anspruch auf subtile Nuancen und Detailreichtum. Als einen Vertreter für alle möchte ich Tobias Hammerschmidt, der bereits im Manuskript gelesen hat, nennen.

Dank dem Verlag, der sich mutig und ehrgeizig an das Projekt dieses aufwändigen Familienbuchs gewagt hat, mit seinem Verlagsleiter Herwig Bitsche, der weitblickenden Kinderbuch-Programmleiterin Natalie Tornai, der immer wieder aufmunternden Grafikerin Ulrike Faber sowie der Lektorin Ulli Steinwender. Dank auch an Frau Mag. Rotraud Hejeck für ihre schönen Piktogramme.

Dank den in diversen Kulturbetrieben Tätigen, die mit wissenschaftlichem Rat, tatkräftiger Unterstützung und idealistischem Engagement das vorliegende Werk hilfreich unterstützt haben. Besonders möchte ich folgende Persönlichkeiten erwähnen:

Dombaumeister DI Wolfgang Zehetner, Ernst Zöchling (Dombauhütte St. Stephan); Dr. Monika Knofler, Dr. Hans Böker (Kupferstichkabinett der Akademie der bildenden Künste, Wien); Dr. Martin Czernin, Pater Christoph Merth (Museum im Schottenstift, Wien); Ilse Jung, Dr. Herbert Haupt, Dr. Helmut Trenek (KHM, Wien); Dr. Elisabeth Vavra, Peter Böttcher (Institut für Realienkunde – ÖAW, Krems); Dr. Karl Fischer (Wiener Stadt- und Landesarchiv); Domarchivar Dr. Reinhard Gruber

(Domkirche St. Stephan); MMag. Wolfgang Huber (Stiftsmuseum Klosterneuburg); Mag. Ulrike Polnitzky (Bildarchiv ÖNB, Wien); Gudrun Reisser (Herba Chemosan); Mag. Roman Szczepaniak (Verein Rettet den Stephansdom, Wien); Wolfgang Kalchhauser sowie an meinen Kollegen Dr. Adelbert Schusser.

Dank meiner beruflichen Heimat, dem Historischen Museum der Stadt Wien unter der neuen Leitung von Dr. Wolfgang Kos, wo ich seit vielen Jahren meine geistigen Wurzeln ausbreiten und reichlich Wissen aufnehmen durfte. Hoffe ich doch, es in seiner Fülle weitergeben zu können.

Dank meiner Familie, die auch in turbulenten Zeiten mir ihre Liebe nicht aufgekündigt hat, sondern stets mir zur Seite stand.

biografie | REINGARD WITZMANN

Geboren 1948 in Wien, Lehramt für Pflichtschulen, Studium der Europäischen Volkskunde und Theaterwissenschaft. Schauspielstudium und Theaterarbeit. 1975 Promotion. Seit 1976 Kuratorin für Stadtvolkskunde und Soziologie, seit 1988 zusätzlich Referentin für Museumspädagogik im Historischen Museum der Stadt Wien. Zahlreiche Ausstellungskataloge und Bücher zur Wiener Kultur- und Alltagsgeschichte. Für Kinder ab 1983 Museumszeitungen; 1990 erschien „Mein Wienbuch. Auf den Spuren der Stadt" (4 Auflagen), ausgezeichnet mit dem Österreichischen Kinder- und Jugendbuch-Preis sowie dem Anerkennungspreis der Stadt Wien.

wunder.orte & zauber.zeichen | BILDNACHWEIS

Akademie der bildenden Künste Wien, Kupferstichkabinett: 20, 26
Archiv der Dombauhütte St. Stephan, Wien: 9-12, 18, 28, 153 (Ernst Zöchling)
Bildarchiv, Österreichische Nationalbibliothek, Wien: 17, 53, 56, 66 (unten),
    78, 136, 141
Bundesdenkmalamt, Wien: 158
Burgerbibliothek Bern: 64
Herba Chemosan Apotheker-AG: 152
Historisches Museum der Stadt Wien: 6, 7, 13-16, 19, 21, 22, 24, 27, 29, 32, 36, 39,
    40, 42, 44, 49, 50, 52, 55, 57–60, 62, 63, 70, 71, 75–77, 79, 84, 88, 91, 93,
    94, 96, 97, 104, 106, 107, 110, 114, 115, 118, 121, 123, 128, 129, 132, 137,
    140, 142, 146, 147, 150, 160, 162, 165, 166, 168, 169 (Foto Otto, Hedwig
    Zradzil)
Institut für Realienkunde – Österreichische Akademie der Wissenschaften, Krems:
    120, 170, 171 (Peter Böttcher)
Kalchhauser, Wolfgang: 148 (Karl Berbalk)
Kunsthistorisches Museum, Wien: 73, 74, 80, 86
Museum im Schottenstift, Wien: 33, 47, 48, 98, 103 (P. Christoph Merth)
Österreichische Galerie Belvedere, Wien: 144
Restaurant Griechenbeisl: 126
Staats- und Universitätsbibliothek, Hamburg: 85, 87
Stiftsmuseum Klosterneuburg: 66 (oben), 69, 134, 154 (Peter Böttcher,
    Theres Cassini, Michael Himml)
Vaduz, Bibliothek des regierenden Fürsten von Liechtenstein: 83
Verein Rettet den Stephansdom, Wien: 30, 100 (Roman Szczepaniak)
Witzmann, Reingard: 25

Angabe der Fotografinnen und Fotografen in Klammer